Antiguidade Clássica:
Grécia, Roma e seus
reflexos nos dias atuais

DIALÓGICA

O selo DIALÓGICA da Editora InterSaberes faz referência às publicações que privilegiam uma linguagem na qual o autor dialoga com o leitor por meio de recursos textuais e visuais, o que torna o conteúdo muito mais dinâmico. São livros que criam um ambiente de interação com o leitor – seu universo cultural, social e de elaboração de conhecimentos –, possibilitando um real processo de interlocução para que a comunicação se efetive.

Antiguidade Clássica: Grécia, Roma e seus reflexos nos dias atuais

Lorena Pantaleão da Silva

EDITORA intersaberes

EDITORA
intersaberes

Rua Clara Vendramin, 58 – Mossunguê
CEP 81200-170 – Curitiba – PR – Brasil
Fone: (41) 2106-4170
www.intersaberes.com
editora@editoraintersaberes.com.br

Conselho editorial
Dr. Ivo José Both (presidente)
Drª Elena Godoy
Dr. Nelson Luís Dias
Dr. Neri dos Santos
Dr. Ulf Gregor Baranow
Editora-chefe
Lindsay Azambuja
Supervisora editorial
Ariadne Nunes Wenger

Analista editorial
Ariel Martins
Capa
Laís Galvão dos Santos
Projeto gráfico
Bruno de Oliveira
Diagramação
Fabiola Penso
Iconografia
Regina Claudia Cruz Prestes

Dados Internacionais de Catalogação na Publicação (CIP)
(Câmara Brasileira do Livro, SP, Brasil)

Silva, Lorena Pantaleão da
  Antiguidade Clássica: Grécia, Roma e seus reflexos nos dias atuais/ Lorena Pantaleão da Silva. Curitiba: InterSaberes, 2017.

  Bibliografia.
  ISBN 978-85-5972-318-2

  1. Antiguidade 2. Civilização antiga 3. História antiga – Estudo e ensino I. Título.

17-01437   CDD-930.7

Índices para catálogo sistemático:
1. História antiga: Estudo e ensino   930.7

1ª edição, 2017.
Foi feito o depósito legal.
Informamos que é de inteira responsabilidade da autora a emissão de conceitos.
Nenhuma parte desta publicação poderá ser reproduzida por qualquer meio ou forma sem a prévia autorização da Editora InterSaberes.
A violação dos direitos autorais é crime estabelecido na Lei n. 9.610/1998 e punido pelo art. 184 do Código Penal.

Sumário

9 *Apresentação*

11 *Organização didático-pedagógica*

15 *Introdução*

Capítulo 1
17 **Gregos antigos**

(1.1)
23 Civilização minoica ou cretense

(1.2)
35 Cidade-Estado clássica

(1.3)
44 Período helenístico

Capítulo 2
53 **Cultura grega**

(2.1)
55 Religiosidade grega

(2.2)
63 Arte grega

(2.3)
72 Filosofia grega

Capítulo 3
89 **Aspectos políticos e sociais da Roma Antiga**

(3.1)
93 Período arcaico

(3.2)
96 Período republicano

(3.3)
110 Período imperial

Capítulo 4
119 **Como viviam os romanos**

(4.1)
121 Dia a dia em Roma

(4.2)
136 Mulheres romanas

(4.3)
145 Religiosidade romana

Capítulo 5
161 **Representações da Antiguidade Clássica no mundo contemporâneo**

(5.1)
163 Novas perspectivas teóricas sobre o estudo do passado clássico

(5.2)
164 Passado clássico e política contemporânea

(5.3)
173 Mundo greco-romano e mídia

189 *Considerações finais*
191 *Referências*
199 *Bibliografia comentada*
201 *Respostas*
203 *Sobre a autora*

Apresentação

Muito embora distante temporalmente do mundo contemporâneo, o estudo do mundo clássico, da Grécia e da Roma antigas desperta grande interesse em diferentes parcelas da sociedade, seja nas salas de aula dos ensinos fundamental e médio, nas quais o tema é visto com grande curiosidade, seja em matérias jornalísticas que exaltam a "grandiosidade" desse passado, seja em filmes, séries e jogos eletrônicos. Podemos, assim, afirmar que se trata de um assunto que cativa o público.

Nesse sentido, este livro foi escrito como uma introdução àqueles que desejam conhecer um pouco mais sobre a Antiguidade. Considerando as demandas inerentes a uma primeira abordagem, mais historiográfica, e a importância de se apresentar as pesquisas que vêm sendo realizadas sobre o tema, a sequência de conteúdos foi estabelecida de maneira a favorecer o processo de leitura e aprendizagem. Assim, podemos dividir este livro em três partes: a primeira (Capítulos 1 e 2) está voltada ao estudo da Grécia, a segunda (Capítulos 3 e 4) está dedicada à Roma Antiga, e a última (Capítulo 5) está voltada à apresentação de alguns dos debates que vêm pautando o estudo da Antiguidade Clássica.

No Capítulo 1, abordamos, em linhas gerais, aspectos políticos, sociais e militares da Grécia Antiga seguindo uma perspectiva cronológica. No Capítulo 2, apresentamos temas mais específicos relacionados à cultura grega – no caso, a arte, a religião e a filosofia. Na sequência, no Capítulo 3, analisamos aspectos gerais sobre a história de Roma, desde os primórdios até a Queda do Império Romano. No Capítulo 4, focamos no estudo da vida cotidiana, das mulheres romanas e da importância da religiosidade para os romanos.[1]

Por fim, no Capítulo 5, temos como objetivo analisar a produção do saber histórico acerca da Antiguidade Clássica e algumas das discussões teóricas associadas a esse processo. Tratamos também da presença de referências do passado no mundo contemporâneo, observando como essa época é retratada na mídia em geral.

Esperamos que você aprecie a jornada. Boa leitura!

---

1   Esclareço que as reflexões presentes nas Seções 4.2 – "Mulheres romanas" – e 4.3 – "Religiosidade romana" – são, em grande parte, resultado da minha dissertação de mestrado, período em que fui agraciada com uma bolsa da Coordenação de Aperfeiçoamento de Pessoal de Nível Superior (Capes), fundação vinculada ao Ministério da Educação.

Organização didático-pedagógica

Esta seção tem a finalidade de apresentar os recursos de aprendizagem utilizados no decorrer da obra, de modo a evidenciar os aspectos didático-pedagógicos que nortearam o planejamento do material e o modo como o leitor pode tirar o melhor proveito dos conteúdos para seu aprendizado.

Introdução do capítulo

Logo na abertura do capítulo, você é informado a respeito dos conteúdos que nele serão abordados, bem como dos objetivos que a autora pretende alcançar.

Síntese

Você conta, nesta seção, com um recurso que o instigará a fazer uma reflexão sobre os conteúdos estudados, de modo a contribuir para que as conclusões a que você chegou sejam reafirmadas ou redefinidas.

Indicações culturais

Nesta seção, a autora oferece algumas indicações de livros, filmes ou *sites* que podem ajudá-lo a refletir sobre os conteúdos estudados e permitir o aprofundamento em seu processo de aprendizagem.

Atividades de autoavaliação

Com estas questões objetivas, você tem a oportunidade de verificar o grau de assimilação dos conceitos examinados, motivando-se a progredir em seus estudos e a se preparar para outras atividades avaliativas.

Atividades de aprendizagem

Aqui você dispõe de questões cujo objetivo é levá-lo a analisar criticamente determinado assunto e aproximar conhecimentos teóricos e práticos.

Bibliografia comentada

BEARD, M.; HENDERSON, J. **Antiguidade Clássica**: uma brevíssima introdução. Rio de Janeiro: J. Zahar, 1998.

Para além dos dados sobre a vida no mundo antigo, essa obra traz uma discussão acerca da presença do mundo clássico na sociedade contemporânea, bem como o destino dos estudos clássicos como disciplina acadêmica.

BEARD, M. **Pompeia**: a vida de uma cidade romana. São Paulo: Record, 2016.

Esta obra esclarece e aprofunda diversos dados sobre o sítio arqueológico de Pompeia, a cidade romana atingida pela erupção do vulcão Vesúvio.

BEARD, M.; NORTH, J.; PRICE, S. **Religions of Rome**: a History. Cambridge: University Press, 1998. v. 1

Nessa obra, há uma compilação de grande parte da história e das alterações ocorridas na esfera religiosa romana.

Bibliografia comentada

Nesta seção, você encontra comentários acerca de algumas obras de referência para o estudo dos temas examinados.

Introdução

Sempre fui fascinada pelo mundo antigo. Esse interesse acabou por influenciar as escolhas da minha vida profissional: o curso de História, os temas pesquisados durante a graduação e o mestrado e o estudo da língua e da literatura latinas, em uma tentativa de aproximar-me do mundo clássico. Para além das narrativas tradicionais, sempre tive interesse pelo cotidiano, por tentar entender como era a vida das pessoas naquele período tão distante. Posteriormente, como professora, sempre me alegro ao perceber que esse desejo por saber mais sobre a Antiguidade não é isolado, mas que o mundo clássico tem essa capacidade de atrair o olhar dos mais diversos grupos.

Tendo em mente a amplitude dos temas passíveis de serem abordados no escopo proposto, ao elaborar este livro considerei que a escrita desse material deveria ser pensada para que o estudante estabelecesse um primeiro contato com o mundo antigo. Por esse motivo, optei por uma narrativa linear das civilizações grega e romana, as quais são pontuadas por temas que se destacam na história desses povos, como a religiosidade e a vida cotidiana. Trata-se, portanto, de uma leitura inicial que não pretende encerrar em si a extensão de dados e pesquisas existentes sobre a Antiguidade Clássica.

Enquanto estudiosa do tema, acredito que, mesmo com os anos que nos separam desses povos, a observação desse passado é absolutamente necessária, seja para nos tornarmos capazes de reconhecer a imensidão de referências gregas e latinas que nos cercam cotidianamente, seja para distinguirmos a maneira como nossos contemporâneos apropriam-se da história antiga para legitimar discursos na atualidade[1].

Assim, considero que a construção do saber histórico é influenciada pelo momento da escrita de cada autor, bem como que a aproximação da população com esse saber não se dá apenas pelo viés acadêmico, mas também pela indústria cultural, com filmes e séries, por exemplo.

Finalmente, espero que a leitura desta obra permita uma maior intimidade com o mundo clássico e seja capaz de instigar o interesse e a curiosidade sobre a história de gregos e romanos. Pensando nisso, ao final de cada capítulo, destaco sugestões bibliográficas sobre os temas apresentados.

---

1 Tal tema é recorrentemente analisado por diversos classicistas, entre os quais destacamos os trabalhos de Pedro Paulo A. Funari, Renata Senna Garraffoni, Glaydson José da Silva, Martin Bernal e Richard Hingley.

Capítulo 1
Gregos antigos

É bastante comum que em revistas e mesmo em livros didáticos sejamos apresentados à Grécia como o "berço" do mundo moderno. Clichês à parte, é verdade que podemos, sim, observar uma vasta influência daquela civilização em diversos aspectos da cultura ocidental. A arte e a filosofia gregas são admiradas até os dias atuais; a língua grega tem importante papel em diversos idiomas; e, principalmente, várias criações desenvolvidas à época acabaram por influenciar a maneira de organizarmos nossas instituições políticas.

Dessa forma, olhar para o passado grego é um exercício que vai além de decorar as diferenças entre a tirania, a democracia e a oligarquia (assim como a alteração desses conceitos no passado e na atualidade). Estudar a Grécia Antiga é também observar o quanto as produções filosóficas e políticas gregas nos influenciam até os dias atuais.

Ao mesmo tempo, conforme apontado por Pomeroy et al. (2004), a história grega é marcada pelo sucesso inesperado, considerando a região onde a Grécia Antiga se desenvolveu e o esforço que os gregos tiveram de realizar para que conseguissem dominar habilidades como a escrita e a metalurgia. Assim, para começarmos a compreender esse mundo, é necessário que, neste capítulo inicial, osbervemos sob quais condições os povos dessa região se desenvolveram.

> O território que constituía a Grécia Antiga era bem maior do que o ocupado pelo país que na atualidade recebe o mesmo nome. Em parte, isso se deve ao governo descentralizado dos gregos, em que cada cidade determinava sua organização político-militar. Ao mesmo tempo, eles se reconheciam como pertencentes a um mesmo grupo, cujos membros compartilhavam aspectos como religiosidade, língua e cultura. Como é afirmado por Funari (2002, p. 13), "Onde quer que houvesse gregos, ali estava a Grécia".

Trata-se assim de um grupo que, ao mesmo tempo, pode ser classificado como uma grande civilização e um conjunto de cidades-Estado com características e especificidades próprias. Para que consigamos estudar essa civilização, faremos a seguinte distinção: em um primeiro momento, observaremos os aspectos sociais, políticos e expansionistas do povo grego para, no segundo capítulo, descobrirmos um pouco mais sobre as criações culturais, artísticas e filosóficas dessa população.

Tradicionalmente, dividimos a história grega em cinco grandes períodos: **pré-homérico** (2000 a.C.-1100 a.C.), **homérico** (1100 a.C.-800 a.C.), **arcaico** (800 a.C.-500 a.C.), **clássico** (500 a.C.-336 a.C.) e **helenístico** (336 a.C.-146 a.C., isto é, de Alexandre Magno até a dominação romana)[1]. Ainda que essas balizas temporais sejam necessárias para a organização do conhecimento histórico sobre a Grécia, precisamos nos lembrar de que, quando falamos em Grécia Antiga, estamos nos referindo a um grupo de poleis[2] que se desenvolveram de maneira e em temporalidades distintas.

Para tanto, é necessário que consideremos a geografia do mundo grego na Antiguidade. A Grécia compreendia a parte sul da Península Balcânica, as ilhas do Mar Egeu, o sul da Península Itálica e o litoral da Ásia Menor.

---

1 Eventualmente, há divergências. Cook (1971), por exemplo, afirma que o período clássico se inicia em 480 a.C., e o período helenista em 338 a.C. Essas pequenas alterações, no entanto, não nos atrapalham na compreensão da evolução da sociedade grega.
2 Pólis *no singular e* poleis *no plural são os termos gregos para cidade-Estado.*

Mapa 1.1 – Mapa político da Grécia Antiga

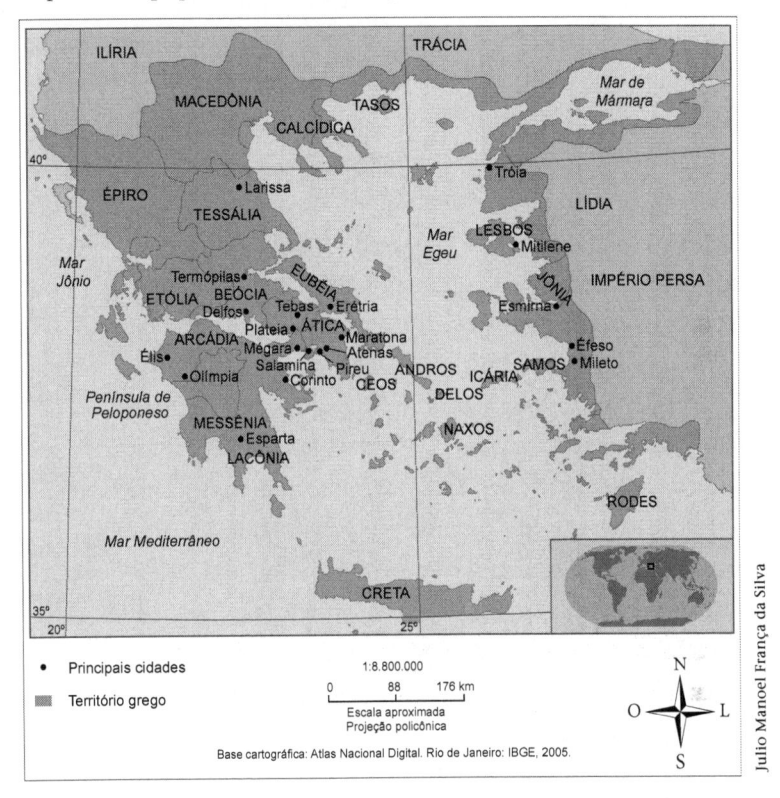

Fonte: Albuquerque; Reis; Carvalho, 1977.

No que se refere à divisão territorial, no extremo norte do continente ficava a região da Tessália, que fazia divisa ao norte com a Macedônia. Logo abaixo, a sudoeste, encontrava-se a Etólia. Ambas eram ligadas ao centro do continente pelas Termópilas, sendo que ao centro havia os territórios da Ática e da Beócia. Unida a esse território, estava a Península do Peloponeso, na qual se encontravam a Lacônia, a Messênia e a Arcádia. Mais ao sul, localizava-se a Ilha de Creta e, a leste da Grécia central, um conjunto de ilhas que incluía Andros, Delos e Naxos.

Diversos comentadores são incisivos ao afirmar o papel fundamental que a geografia teve no desenvolvimento da história grega. O território da região que compreendia a Grécia Antiga era consideravelmente maior do que o país que atualmente carrega o mesmo nome. Seu território, que englobava a Península Balcânica e diversas ilhas da região, era de difícil cultivo, uma vez que era repleto de montanhas calcárias. Algumas estimativas afirmam que apenas um quinto do solo era propício à agricultura (Cook, 1971). Ainda assim, os gregos foram capazes de produzir a base de sua alimentação, composta por cereais, nesse território de baixa capacidade agrícola. Mesmo tendo essa dificuldade no cultivo, Pomeroy et al. (2004) destacam que a base da economia grega eram justamente os fazendeiros, e a posse de terra tornou-se um elemento que influenciaria profundamente a organização social ao longo da história da Grécia Antiga.

O território grego era recortado por inúmeras montanhas e formado por algumas ilhas. Essa geografia dificultou a formação de um Estado único, favorecendo, portanto, o surgimento das chamadas *cidades-Estado*, unidades territoriais independentes que tinham governo próprio. Ao mesmo tempo, o solo pobre, pouco fértil e a facilidade de estabelecer comunicações além-mar favoreceram o desenvolvimento náutico e a posterior expansão marítima, uma vez que, inicialmente, a região contava com uma quantidade razoável de florestas, aptas a fornecer madeira para a construção de barcos utilizados no comércio (Pomeroy et al., 2004).

Mesmo que estejamos abordando apenas o mundo grego, o comentário de Guarinello (2003) sobre a organização das cidades-Estado na Antiguidade se faz válido: ele afirma que estas eram muito diferentes entre si e, em sua maioria, mantinham-se relativamente pequenas, tendo em torno de 5 mil habitantes, ainda que as mais populosas chegassem a 20 mil.

No entanto, antes que as poleis do período clássico se tornassem as cidades que hoje relembramos como marcos da história antiga – como Atenas, Esparta e Corinto –, a região da Península Balcânica e arredores foi dominada por outras culturas. Os primórdios da Grécia têm início com a Ilha de Creta, suas lendas, tradições e a civilização minoica.

(1.1)
Civilização minoica ou cretense

De maneira geral, o pensamento comum associa a Grécia Antiga à rica **mitologia** característica de sua religião e, na esfera política, ao desenvolvimento de instituições que, de alguma maneira, nos influenciaram – como a **democracia**. Porém, antes de tratarmos do período clássico, o qual nos interessa especialmente por causa do surgimento da pólis e do conceito de cidadania, vamos nos ater a momentos mais antigos dessa civilização, sobre os quais temos poucas informações em razão da distância temporal.

No que se refere ao início da cultura grega, destacamos que os primeiros vestígios de ocupação na Ilha de Creta datam do **período neolítico**. Seu relevo é marcado por montanhas e grutas que deram origem a lendas como a do Minotauro. Foi nessa árida região que se desenvolveu uma das bases da cultura grega, a **civilização minoica**, a qual se iniciou por volta de 3000 a.C. e teve seu ápice em torno de 1800 a.C. (Funari, 2002).

O historiador da Antiguidade Moses Finley (1990) também defende que os primórdios da civilização grega remontam à civilização de Creta, maior ilha do mediterrâneo oriental. Esse território é dotado de algumas planícies disponíveis para o desenvolvimento da agricultura, habitado desde tempos longínquos. De acordo com Finley (1990, p. 19),

Creta está sulcada de grutas nas montanhas, centenas das quais foram ocupadas por povos neolíticos numa época tão distante como 6000 a.C., pelo menos, e continuaram a ser utilizadas ao longo da história como locais de refúgio em períodos conturbados e alguns tornaram-se santuários sagrados [...]. Trata-se da maior das ilhas do mar Egeu [...] uma área de 8088 km². É montanhosa e a vista, quando nos aproximamos pelo mar do sul, é hostil, escarpada e espetacular. Algumas partes, em particular as montanhas Brancas, a oeste, são virtualmente inacessíveis, frequentadas apenas por cabritos montanheses e indivíduos à margem da lei [...].

Trata-se, sem dúvida, de uma descrição quase poética do território. No entanto, de acordo com Finley, não foi a relação com a geografia um dos elementos que teriam tornado o território conhecido, mas o conjunto de referências que apontam para seu papel decisivo na história e na mitologia grega.

> Segundo Finley (1990), para os gregos do período clássico, Creta era reconhecida como parte de um passado comum, e um grego antigo seria capaz de afirmar que o rei Minos[3] teria sido um governante do passado grego (é com base em seu nome que a civilização cretense recebe a alcunha de *minoica*, ao mesmo tempo que deu origem ao termo grego para definir rei). Igualmente, tratava-se de um local fortemente associado à mitologia grega, no qual surgiram histórias como a do Minotauro[4], de Dédalo[5] e de Ícaro[6], bem como seria esse o local de origem dos deuses do Olimpo, onde a mãe de Zeus o teria escondido do Titã.

Cabe ressaltar que, especificamente no que tange ao estudo da civilização minoica, a arqueologia teve papel fundamental na descoberta de vestígios na ilha. Contudo, foi apenas a partir de meados do século XIX que a região passou a ser analisada, sendo que somente em 1900 a cidade de Cnossos e seu centro urbano foram encontrados. As escavações arqueológicas viriam a se deparar ainda com os palácios minoicos e os labirintos que teriam dado origem às lendas associadas à região (Finley, 1990; Pomeroy et al., 2004).

Para além da importância na mitologia, é fato que na região se desenvolveu uma civilização que apresentava uma riqueza e um refinamento admiráveis. Esse período – entre os anos 2000 a.C. e 1400 a.C – ficou conhecido como *Idade de Ouro de Creta* e foi marcado como um momento de grande prosperidade, sobre o qual nos restaram poucas referências (Finley, 1990).

---

3   Minos teria sido um poderoso rei de Creta, supostamente filho de Zeus.
4   Minotauro, ou touro de Minos, era uma criatura mitológica que seria filho da esposa de Minos com um touro, recebendo a aparência de metade touro, metade humano.
5   Inventor ateniense que, em Creta, seria o responsável pela construção dos labirintos que acabaram por abrigar o Minotauro.
6   Filho de Dédalo. Após a morte do Minotauro, Dédalo e Ícaro foram presos no labirinto. Para escapar, Dédalo construiu asas para ambos. Ao sair, avisou ao filho que este não deveria voar muito próximo do Sol, para que a cera que prendia as asas não derretesse. Ícaro não obedeceu a seu pai e acabou por aproximar-se demais do Sol, perdendo as asas e caindo ao mar, no qual se afogou.

Lorena Pantaleão da Silva

Uma das provas da exuberância da civilização minoica são seus palácios. Essas construções são o símbolo da existência de um governo central que dispunha de recursos suficientes para edificá-los, assim como denotam a complexidade de organização dessa sociedade (Finley, 1990). Essa riqueza existente na ilha possivelmente advinha do comércio estabelecido pelos cretenses com outros povos. Considerando que, dadas as condições geográficas da ilha, quase toda cidade cretense contava com um porto, não é de se admirar que na região tenha sido formada a **talassocracia**, ou seja, uma sociedade organizada de acordo com o poder marítimo dos grupos dominantes. Além disso, devemos considerar que os cretenses mantinham relações com o Egito, elemento que acabou por facilitar a expansão da cultura egípcia pelo Mediterrâneo (Funari, 2002).

Ao realizarem as escavações em Creta, os arqueólogos revelaram uma **civilização palaciana** que se organizava em pequenos centros ao longo da ilha, sendo o mais imponente o de Cnossos. Essas descobertas comprovam que os cretenses conheciam a tecnologia necessária para o uso do metal; no entanto, não revelam sinais de fortificações ou armamentos em grande quantidade. Outro dado interessante é o fato de que a **arte** encontrada em Cnossos apresenta forte inspiração oriental, especialmente egípcia (Pomeroy et al., 2004).

Entre os vestígios encontrados pelos pesquisadores, havia três formas de **escrita** presentes na ilha nesse período de ouro: a hieroglífica e as denominadas *linear A* e *linear B*. Esse dado é relevante, pois a linear B é encontrada também em vestígios na Grécia continental do mesmo período, tornando-se assim um indicativo de que esses grupos dialogavam entre si. Tal descoberta é utilizada pelos estudiosos para justificar a influência cretense na civilização grega, uma vez que a escrita linear B seria uma versão do grego antigo (Finley, 1990).

O desaparecimento dessa civilização palaciana ocorreu por volta dos anos 1400 a.c./1200 a.C. e é normalmente associado ao contato dos minoicos com os Aqueus, povo belicoso que teria dominado a região em 1400 a.c., formando a chamada *civilização micênica*, que perdurou até em torno do século XI a.c, conforme Funari (2002).

Segundo Funari (2002, p. 18), "o mundo micênico desapareceu no século XI a.c., gradativamente, sem que se saiba o que ocorreu. Os palácios deixaram de ser usados, assim como a escrita, até que uma nova civilização sem palácios viesse a surgir". Muito embora alguns estudiosos apontem uma dominação dórica como causa do fim da civilização micênica, atualmente, conforme é apontado por Pomeroy et al. (2004), essa hipótese foi desacreditada, sendo suplantada pela percepção de que, provavelmente, foram múltiplas as causas que levaram ao desaparecimento dos micênicos. Nesse sentido, os autores destacam que, possivelmente, se tratou de um colapso geral, o qual teria afetado esferas diversas, como a agricultura, o comércio e a metalurgia, ao mesmo tempo que desastres naturais – como secas ou terremotos – atingiam a região. O caos teria levado ao confronto entre a população e ao consequente enfraquecimento dos micênicos (Pomeroy et al., 2004).

Da mesma forma, Page (1977, p. 14) afirma que "Os micênicos desapareceram do cenário de forma bastante súbita e misteriosa, durante o século XII a.C., e, a partir de então, tudo são trevas ou névoas durante cerca de 400 anos, até a criação dos Jogos Olímpicos em 776 a.C.".

Esse período sobre o qual nos restaram poucas fontes é conhecido como *período homérico*, também chamado por alguns de *Idade das Trevas*, nome relacionado à falta de informações sobre a sociedade grega no referido momento. As principais fontes conhecidas são as obras homéricas *Ilíada* e *Odisseia*.

> Essas duas epopeias são reconhecidas ao longo do tempo como dois cânones da literatura ocidental. As histórias descritas por Homero compreendem os anos finais da Guerra de Troia e o regresso de Ulisses para casa. Ao mesmo tempo que elas nos permitem nos aproximar do passado grego, devemos ter em mente que esses textos não foram elaborados com o intuito de se tornarem relatos históricos, mas se tratavam de uma expressão artística e cultural, sendo necessária uma maior atenção acerca de sua análise. Uma das primeiras preocupações é, justamente, o fato de que essas obras são o resultado de séculos de tradição oral (devemos nos lembrar que ambas são escritas em versos, ou seja, são feitas para serem recitadas e lembradas de memória) e foram compiladas por Homero. Assim, em sua narrativa se mesclam a mitologia grega e os costumes do período micênico, bem como a influência do período em que foram escritas, tornando difícil a sua análise (Finley, 1963, 1990).

Sobre os temas apresentados nos poemas, *Ilíada* narra os acontecimentos relacionados ao final da Guerra de Troia, conflito que teria origem na disputa entre Páris (príncipe troiano) e Menelau (rei de Esparta) pelo amor de Helena (que seria a mais bela entre as mulheres). O início da guerra teria sido causado pela fuga de Helena com Páris para Troia e a consequente fúria de seu esposo, Menelau. Por esse motivo, Menelau recorreu a seu irmão, Agamenon, que controlava um enorme exército, e juntos se dirigiram a Troia para recuperar Helena.

A história conta com a presença de diversas figuras mitológicas, as quais interpelam e modificam os eventos de acordo com seus interesses e preferências. Por fim, nos deparamos com a morte de Heitor (príncipe troiano e irmão de Páris) e a vitória dos gregos. Esta se deve ao invento de Ulisses, guerreiro proveniente de Ítaca, que, com a intenção de penetrar as pesadas defesas troianas, sugeriu presentear este povo com um cavalo de madeira, como uma oferta de paz. O que os troianos não sabiam ao aceitar o presente era que o interior do cavalo estava repleto de guerreiros gregos.

Já a *Odisseia* narra o retorno de Ulisses (também chamado *Odisseu*, daí o nome da obra) para sua casa em Ítaca, após os dez anos de batalha contra os troianos. Além do tempo despendido na guerra, o personagem demora mais dez anos para retornar ao lar, pois, tendo encontrado diversos percalços, Ulisses atrai para si a ira de seres mitológicos, ao mesmo tempo que conta com a proteção da deusa Atena, a qual o auxilia em sua trajetória. Ao longo desses vinte anos, sua esposa se mantém fiel a ele, mesmo com diversos pretendentes desejando casar-se com ela. Com isso, fica claro que as obras descritas não eram históricas, mas poemas elaborados para entreter os ouvintes, uma vez que seu formato, o hexâmetro datílico, era bastante sonoro e, por isso mesmo, demandavam uma maior atenção em sua análise.

Atualmente, com o auxílio da arqueologia, sabemos que a Grécia homérica era, por um lado, extremamente hierárquica e burocratizada (segundo as placas em linear B), enquanto Homero apresenta uma organização social baseada em reinos mais ou menos independentes na época de Agamenon (Andrewes, 1977).

No que se refere à organização da sociedade, sabemos que esta girava em torno dos *oikós* (como o que pertencia a Ulisses). Essa estrutura se caracterizava como uma grande extensão de terra e incluía em si os servidores, os escravos e mesmo o gado. Os membros da sociedade organizavam-se em clãs, os quais afirmavam descender de antepassados comuns e cujos líderes formavam a aristocracia. De acordo com Andrewes (1977), o pertencimento aos clãs era passado por meio da linhagem masculina e, além de serem organizações aristocráticas, os clãs dominavam a realização de alguns cultos. Por outro lado, a população mais pobre, ou *thetas*, vivia da agricultura em pequenas propriedades. Existiam ainda os artesãos, conhecidos como *demiurgos*. Nesse momento da história grega, o poder político encontrava-se nas mãos do *basileu*, espécie de rei escolhido entre os membros da aristocracia (Florenzano, 1982). Os valores da sociedade grega durante o período homérico são influenciados pela relação com a guerra. Assim, o valor de um homem era medido por meio de sua bravura e habilidade nas batalhas. Seria chamado *aghatos* caso tivesse bom desempenho em campo, e *kakos* caso demonstrasse covardia. Das mulheres, por outro lado, era esperado que demonstrassem um comportamento casto e virtuoso. Elas poderiam atuar na esfera pública, como em atos religiosos e, mesmo nas obras homéricas, podemos observá-las em papéis relevantes, ainda que estivessem sob a tutela de seus pais ou maridos (Pomeroy et al., 2004).

Essas comunidades que se formaram durante o período arcaico, ao contrário de Micenas, organizaram-se em grupos isolados –, algo que é atribuído ao território acidentado da hélade. Da mesma forma, essa divisão favoreceu a elaboração de habilidades distintas entre essas cidades, que se dedicavam, de acordo com suas condições, à agricultura ou ao comércio. Foi também nesse período que passaram a se desenvolver as divisões no que se refere à estrutura política e governamental das cidades (Finley, 1963).

Foi apenas em meados do século VIII a.C. que soubemos da ocorrência de mudanças na sociedade grega (estas melhor documentadas que aquelas referentes ao período anterior). Entre as alterações, destacam-se a **retomada da escrita** (com alfabeto fenício adaptado), o **surgimento do oráculo de Delfos** e, a partir do século VII a.C., a **instituição do direito por escrito** (Andrewes, 1977).

Por outro lado, Finley (1963) afirma que, em um primeiro momento, as cidades-Estado eram pequenos centros urbanos, cercados pelos campos em seu entorno. Era uma estrutura relativamente simples, que passava por um processo de transição, uma vez que várias dessas comunidades abandonaram o sistema monárquico e passaram a ser governadas por grupos de aristocratas, os quais governavam por instituições formais e sistemas de parentesco (Finley, 1963;

Andrewes, 1977). Esses aristocratas justificavam sua proeminência por meio de seus vínculos familiares, e a autoridade dessas famílias, conforme apontado por Finley (1963), era explicada pelo suposto passado comum dos primeiros habitantes, o qual se pressupunha heroico.

Sobre as mudanças que ocorriam na sociedade grega naquele momento, Andrewes (1977, p. 36) afirma que "uma das realizações mais impressionantes desse período aristocrático foi o estabelecimento de numerosas comunidades gregas no mediterrâneo, desde o levante até a Espanha, e também no Mar Negro". Ora, ainda de acordo com Andrewes (1977), essa mudança e o empenho dos recursos das cidades gregas na busca por novos territórios não se deu por acaso; pelo contrário, ocorreu como resposta a uma demanda das poleis por novos espaços passíveis de serem alocados para a agricultura.

Nesse sentido, conforme é descrito por Finley (1963), esse processo de expansão grega se realizou fomentado pelos **conflitos sociais** que passaram a fazer parte do cotidiano das cidades. Assim, toda a estrutura que então organizava as poleis sofreu grande revés em virtude do aumento populacional. Ora, se os territórios produtivos eram escassos e os melhores trechos estavam nas mãos dos aristocratas, era esperado que essa concentração desse origem a conflitos sociais, por meio dos quais os grupos populares buscavam direitos e oportunidades.

A princípio, segundo esse historiador, a forma de resolver esses conflitos se deu por meio do **processo de colonização**, iniciado em meados do século VIII a.C., em que os grupos considerados dispensáveis eram encorajados a buscar novas regiões para se estabelecer, fundando uma nova cidade-Estado. Tratava-se de expedições organizadas que, embora mantivessem influência cultural e religiosa da terra de seus fundadores, não configuravam colônias de fato, no sentido de que não eram obrigadas a fornecer materiais e matérias-primas para a cidade de origem. Cabe ressaltar que o processo de formação de uma nova cidade, em geral, não era pacífico; por vezes era marcado pela expulsão e submissão de povos nativos. Sobre o esforço necessário para a elaboração de uma expedição colonizadora, Finley (1963, p. 33) aponta que "as expedições colonizadoras eram chefiadas por 'fundadores', que o oráculo de Delfos era consultado com frequência, que os migrantes estavam preparados para lutar, subjugar ou expulsar nativos, que grupos colonizadores de duas ou mais cidades se coligavam muitas vezes".

Assim, cabe ressaltar que essas expedições tinham, como explica Finley (1963), a função de manter a ordem social e a organização política; porém, requeriam grande esforço, demandando organização e variados recursos, como barcos, homens e armas. Em um primeiro momento, o processo de colonização conduziu-se para o Ocidente, em direção ao sul da Itália e, em um segundo, para o Oriente, para a região próxima ao Mar Negro. Em geral, as colônias dedicavam-se à produção agrícola, muito embora já existisse um comércio marítimo expressivo no período. (Finley, 1963).

Nesse sentido, Andrewes (1977) destaca que, com o fim do reino micênico, de maneira geral, a Grécia havia se fechado para o contato externo e, ao longo do processo de colonização, foi realizada a reabertura da Grécia para o mundo, em especial por meio do comércio. De fato, o autor destaca, assim como Finley (1963), que o interesse primordial não era o comércio, mas a **aquisição de terras voltadas para a agricultura**. No entanto, podemos pensar em um efeito colateral dessa expansão territorial, a saber, o retorno dos comerciantes gregos ao Mar Mediterrâneo, ainda que de maneira tímida, conforme é descrito no trecho a seguir:

> *o comércio marítimo era lucrativo, embora arriscado. As cargas eram especificamente de produtos agrícolas, estimuladas pela crescente insistência – de modo particular nos grandes proprietários – no azeite e no*

vinho, para os quais o solo tão bem se coadunava; as cargas de retorno eram de metais, produtos regionais como couro e peles e, a partir do século sexto, de escravos em número cada vez maior. Porém a escala e o volume total eram pequenos, a civilização grega permanecia enraizada na terra e isto era assim mesmo para comunidades altamente urbanizadas como Atenas, Corinto ou Mileto. (Finley, 1963, p. 35)

No que se refere às relações entre as cidades-mãe e as colônias, as opiniões divergem, sendo que alguns historiadores tendem a afirmar que elas não eram imperialistas, mas sim baseadas em costumes comuns entre elas (Finley, 1963). Outros, porém, defendem que mantinham, sim, laços religiosos e sentimentais, mas que também existia interesse econômico por parte dos colonizadores (Andrewes, 1977).

Ainda que tenha sido marcada pelo sucesso na conquista de novos territórios, a ação colonizadora por si só não foi capaz de apaziguar as questões que levaram ao conflito social nas cidades gregas. Nesse sentido, esse processo falhou ao não ser capaz de diminuir o abismo social causado pela concentração de terras na mão de um pequeno grupo, bem como demonstrou incapacidade em gerir a crise social consequente, o que favoreceu o surgimento dos regimes tirânicos[7]. Destacamos que, para os gregos, o termo *tirano* apresentava um sentido diferente do nosso, pois não implicava um governo necessariamente ruim, mas um regime, como aponta Finley (1963, p. 36): "Palavra neutra, originalmente, 'tirano' significava o fato de um homem se apoderar do poder sem ter autoridade constitucional

> As expedições colonizadoras tinham como função manter a ordem social e a organização política; porém, requeriam grande esforço, organização e variados recursos, como barcos, homens e armas.

---

7   *Aqui devemos fazer um adendo: ao contrário das demais cidades, Esparta nunca passou por um regime tirânico, fator associado à posse de uma quantidade razoavelmente grande de terras férteis e à submissão dos hilotas.*

legítima (diferente de um rei); não continha um juízo de valor sobre suas qualidades pessoais ou de governante".

Finley acrescenta que nesse contexto surgiram os **legisladores gregos**, responsáveis pelas mudanças críticas na estrutura política que permitiram a evolução dessas poleis para aquilo que reconhecemos como o ápice da civilização grega no período clássico: as cidades-Estado em sua essência. Esses legisladores tinham como função escrever e fixar as leis que regulavam as cidades-Estado e recebiam esse enorme poder em uma tentativa de resolver os embates sociais daquele período. Entre os principais, podemos destacar Licurgo em Esparta e Sólon em Atenas.

A **tirania** não era, conforme explica Finley (1963), uma instituição estável e caracterizou-se como um processo de transição entre o controle político da aristocracia e a formação da noção de democracia característica da cidade de Atenas no período clássico. Focaremos aqui no desenvolvimento da cidade de Atenas (uma vez que o desenvolvimento das cidades-Estado ocorreu de maneira díspar e a quantidade de dados disponíveis sobre Atenas é maior).

Visando apaziguar os conflitos sociais atenienses, **Sólon** foi escolhido como legislador em 594 a.C. Entre suas medidas, destaca-se a abolição da escravidão por dívidas, fato que fustigava os agricultores mais pobres, e também o estabelecimento do direito de defesa nos tribunais atenienses, focando assim na elaboração de mecanismos que protegiam os grupos populares contra o poder excessivo da aristocracia (Finley, 1963).

O processo iniciado por Sólon solidificou-se durante o governo de **Pisístrato**, um tirano que favoreceu os camponeses (inclusive com auxílio financeiro) em detrimento do monopólio político existente até então em Atenas (contudo, os cargos políticos mais relevantes se mantiveram nas mãos dos aristocratas). Não se trata de um regime igualitário, mas, como aponta Finley (1963), de uma diminuição das diferenças entre esses grupos, as quais se tornaram, assim, manejáveis. É no final do período arcaico que observamos o surgimento da noção de liberdade pessoal. O processo de fortalecimento da noção de comunidade (Finley, 1963) deu-se por meio da busca de independência econômica e do fim da escravidão por dívidas, substituída pelos escravos bárbaros[8]. Foram as bases estabelecidas no final do período arcaico que permitiram a formação da cidade-Estado clássica tal qual a conhecemos.

(1.2)
CIDADE-ESTADO CLÁSSICA

Conforme apontamos anteriormente, a definição de pólis grega é a de **cidade-Estado**, ou seja, uma cidade que **se autogoverna**. Nela, havia um espaço urbano (com templos e prédios públicos), bem como uma área rural no entorno desse centro (Mosse, 1999). Tratava-se de um local onde as questões sociais e eventuais problemas eram resolvidos; para isso, fazia-se necessário que os membros cidadãos se reunissem e discutissem entre si. De maneira geral, ainda que variassem enormemente no que diz respeito ao tamanho e à forma de governo, as poleis eram semelhantes em suas estruturas básicas e na autossuficiência tanto de mão de obra quanto de bens materiais (Guarinello, 2003).

Mesmo com um ideal de comunidade, não eram todos os habitantes que tinham direitos políticos; estes eram restritos aos considerados merecedores. Conforme observaremos adiante, mesmo em Atenas, com seu regime democrático, a cidadania era bastante

---

[8] *Eram considerados* **bárbaros** *aqueles que não dominavam a língua e desconheciam a cultura e os costumes gregos.*

excludente quando comparada ao conceito que empregamos no mundo contemporâneo. Mosse (1999) assinala que na maioria das cidades-Estado, as mulheres eram excluídas da vida política em sua totalidade, bem como os estrangeiros. Segundo Finley (1963), essa medida se dava em razão de a comunidade ditar a lei e de tal fato garantir a liberdade para esse seleto grupo (considerando que a realidade do período arcaico estava associada ao poder restrito aos aristocratas). Essa seleção restritiva pode ser explicada, segundo Guarinello (2003), pela posse da terra. Para este historiador, as cidades-Estado clássicas podem ser definidas como "associações de proprietários privados de terra" (Guarinello, 2003, p. 32). Sua formação estaria, portanto, ligada aos mecanismos utilizados pelos proprietários de terras para organizarem-se na forma de comunidade enquanto excluíam estrangeiros e defendiam o seu território. Assim, segundo o autor, ao mesmo tempo que o indivíduo só existia no interior da comunidade – a qual tinha sua identidade constituída historicamente –, os eventuais conflitos precisavam ser resolvidos também de forma comunitária.

Para que compreendamos seu funcionamento, é necessário termos em mente que o pertencimento à comunidade como cidadão era um privilégio como enuncia Guarinello (2003). Inicialmente mais abertas à entrada de estrangeiros, com o passar do tempo houve uma diminuição desse aspecto nas poleis gregas. O autor destaca ainda que esse grupo estranho ao núcleo comunitário podia assumir várias formas, podendo ser formado por estrangeiros com relativo traquejo social, como observado em Atenas; por populações submetidas não cidadãs, como ocorria com os hilotas em Esparta; ou, ainda, por escravos (os quais não eram submetidos a nenhum controle cívico, isto é, estavam à mercê de seus proprietários). Logo, o controle político, que tinha relação direta com as decisões acerca da distribuição dos recursos da pólis, se manteve por longos períodos nas mãos da aristocracia.

Dessa forma, segundo Guarinello (2003), existiam diversas divisões no interior das poleis – entre homens e mulheres, jovens e velhos (que controlavam as magistraturas) – além da diferenciação derivada da posse ou não de terras. Por esses motivos, mesmo com a expansão e a conquista de novos territórios – os quais favoreceram o aumento do comércio e da complexidade da sociedade (Guarinello, 2003) –, a estabilidade política não era completa. Mesmo aqueles que detinham o título de cidadão poderiam entrar em desacordo sobre os rumos tomados pelo grupo ou pelos governantes. Segundo Finley (1963, p. 52):

> O mal-estar latente, sem dúvida, devia-se a que o sentido de comunidade, forte como era, esbarrava na grande desigualdade que prevalecia entre os membros. A pobreza estava largamente espalhada, o nível de vida material era baixo e havia uma clivagem profunda entre os pobres e os ricos [...] aquilo que na Grécia lhe conferiu um giro incomum foi a cidade-estado, com a sua intimidade, a sua ênfase na liberdade e na dignidade do indivíduo, que iam a par com a cidadania. O cidadão sentia que podia fazer reivindicações à comunidade e que não tinha só obrigações para com ela e, se o regime o não satisfizesse, ele não era relutante em fazer algo a tal respeito – livrar-se dele, se conseguisse.

Para Finley, a própria estrutura da pólis despertava o desejo de igualdade, o qual era difícil de realizar. De maneira geral, podemos apontar que a questão fundamental para a pólis clássica era decidir quem deveria governar a cidade-Estado. Dois modelos parecem ter prevalecido: um que valorizava o governo de poucos escolhidos, como ocorria em Esparta, e outro que atribuía valor à totalidade dos cidadãos, como era em Atenas.

Sobressaem-se os exemplos de Atenas e Esparta por serem cidades sobre as quais nos restaram uma quantidade razoável de vestígios, pela proeminência de ambas no mundo grego e, principalmente, por apresentarem-se com governos e organizações sociais bastante díspares, tornando-se assim um modelo interessante para a análise das variações presentes no mundo grego. Em filmes, *games* ou histórias em quadrinhos, a representação que observamos acerca dos espartanos no mundo contemporâneo é bastante rígida. Essa pólis que se desenvolveu na região da Lacônia e Messênia é comumente rememorada pelas suas qualidades militares e pelo espírito guerreiro. Essa imagem sisuda, do guerreiro obediente e calado – da qual provém a associação com o discurso "lacônico" (Finley, 1963; Funari, 2002) – se cristalizou em nosso imaginário, sendo mesmo apresentada como virtuosa por alguns comentadores e estudiosos.

Tendo dominado os povos que habitavam o território onde seria formada a cidade, os espartanos os subjugaram e utilizaram sua mão de obra. Assim, os *hilotas*, como eram chamados, eram responsáveis por toda a produção agrícola realizada em Esparta. Não eram escravos, mas tinham de ceder parte da produção agrícola para os espartanos, além de serem passíveis de receber castigos físicos e até mesmo a morte (Funari, 2002). Ao contrário do restante da Grécia Antiga, os espartanos contavam com o controle de uma região bastante favorável, com solo relativamente fértil, minas de ouro e acesso ao mar. Viviam ali ainda os periecos, grupos de artesãos e camponeses livres que participavam do exército, mas que não tinham direitos políticos. Em conjunto ao trabalho dos hilotas, esse cenário fez com que os espartanos tivessem um contexto razoavelmente confortável para desenvolver suas habilidades militares (Florenzano, 1982; Finley, 1963).

Tratando-se de uma sociedade extremamente militarizada, em Esparta apenas a **capacidade guerreira** estava diretamente ligada à cidadania, ou seja, apenas era cidadão aquele que cumprisse seu dever cívico para com a defesa da pólis (Mossé, 1999). Tal demanda, de acordo com Forenzano (1982), fez com que toda a organização da cidade se voltasse ao treinamento militar. Estamos falando, assim, de uma comunidade em que, desde criança, os meninos eram treinados para se tornarem soldados exemplares, aprendendo apenas o mínimo da educação formal. Essa questão não se refletia somente nos campos de treinamento, mas em toda a sociedade, que se organizava de forma extremamente hierárquica e rígida.

A cessão de direitos políticos em Esparta era bastante restrita, mesmo entre os cidadãos. Assim, todo cidadão, ou *hómoioi* (os iguais), participava da assembleia deliberativa, porém apenas 30 aristocratas, escolhidos entre os membros com mais de 70 anos, participavam da *gerúsia*. Esta era a principal instância do poder em Esparta, que tinha a incumbência de elaborar as leis e escolher os reis (dois reis eram responsáveis pelo comando do exército) e os *éforos* (cinco indivíduos que detinham o poder executivo sobre a cidade) (Finley, 1963; Funari, 2002).

Essa estrutura demonstra como a sociedade espartana era rígida e fortemente apegada às tradições. O controle das ações políticas e militares estava completamente entregue nas mãos de um pequeno grupo. Segundo Finley (1963), a assembleia dos *hómoioi* era capaz de derrubar projetos propostos pela *gerúsia* (no entanto, não poderiam propor votações. Esse dado é questionado por Funari (2002), os quais afirmam que, caso isso ocorresse, a *gerúsia* não seria obrigada a aceitar o veto. Independentemente desse aspecto, tratava-se de uma sociedade em que o poder era bastante restrito, cabendo aos cidadãos o treinamento contínuo nas artes militares e a obediência.

Mesmo considerando toda essa estrutura desenvolvida para a defesa do território e o controle dos povos subjugados, devemos destacar que existem registros de revoltas hilotas (Funari, 2002). Tendo seu modelo militar elaborado após uma grande revolta ocorrida no território da Messênia, que estava sob dominação espartana, em VII a.C., não é difícil compreender essa preocupação em deter os hilotas, bem como o desapreço apresentado em relação aos estrangeiros. Essa estrutura permitiu que Esparta se tornasse uma potência bélica e a maior força militar grega. Após atingir o ápice durante o período em que controlou a Liga do Peloponeso, a organização social espartana entrou em declínio ao longo do século IV a.C., em razão de sua incapacidade de aceitar novos grupos em seu meio e da diminuição populacional (Finley, 1963).

Contrariamente à imagem de rigidez espartana, Atenas é conhecida pela sua contribuição a diversas áreas do conhecimento, como a arte, a filosofia e a literatura. Tendo sido fundada na região da Ática, Atenas foi capaz de extrapolar os limites das cidades-Estado gregas com sua proeminência sobre os membros da Liga de Delos (que discutiremos melhor mais adiante) e a participação no comércio e na navegação.

Segundo Finley (1963), mudanças estabelecidas pelas reformas de Sólon, seguiram-se outras na legislação ateniense que favoreceram a elaboração de um governo com a participação dos cidadãos, dando origem à democracia ateniense. Com o fim da escravidão por dívidas, seguiram-se os governos tiranos de Pisístrato e de seu filho, Hípias, ao longo dos quais as reformas de Sólon foram mantidas. Ao mesmo tempo, as reformas de Clístenes retiraram a necessidade de se possuir terras para o exercício do direito político nas assembleias, expandindo assim a noção de cidadania.

Mossé (1999) aponta que, em Atenas, a *eclésia* era a assembleia popular, cuja decisão era soberana, sendo responsável por votar as propostas elaboradas pela *bulé*, grupo de 500 cidadãos que apresentavam as propostas e asseguravam o governo da cidade. Ainda que todos os cidadãos pudessem participar da assembleia, apenas com o estabelecimento da *mistoforia* (nome dado à remuneração cedida aos cidadãos que participavam da assembleia) é que a democracia ateniense passou a ser exercida pela maioria de seu corpo político. Nesse sentido, Mossé (1999) destaca que a remuneração pela participação na assembleia permitiu que os atenienses mais pobres participassem ativamente da vida pública, favorecendo o fortalecimento da democracia, uma vez que todas as decisões acerca da política interna e externa passavam pela assembleia.

No entanto, ainda conforme Mossé (1999), tal fato não significa dizer que o conjunto de habitantes desfrutava desses direitos. Conforme apresentado anteriormente, em Atenas, ainda que estrangeiros fossem bem recebidos e pudessem, podendo estabelecer residência, a cessão da cidadania era bastante restrita. De maneira geral eram considerados cidadãos atenienses apenas os que tivessem pai e mãe nascidos na pólis e fossem resultado de um casamento legítimo. Assim, ainda que não participassem do corpo político, conforme é pontuado por Mossé (1999), as mulheres tinham papel importante na transmissão da cidadania. Uma das poucas formas de burlar a concessão da cidadania em Atenas era por meio da indicação em assembleia. Uma das formas de o conseguir era prestando algum serviço excepcional para a cidade. Mesmo assim apenas seu filho gozaria da plenitude de direitos de cidadão (Mossé, 1999).

Após a queda de Hípias, sobrevém o período que é comumente apresentado como a era de ouro de Atenas, quando, sob o governo de Péricles (492 a.C.-429 a.C.), a cidade alcançou expressiva posição em relação às demais poleis, bem como ofereceu grande incentivo público à arte grega.

Conforme apontado por Finley (1963), esse período de grandiosidade ateniense foi possível em virtude dos recursos que a cidade obteve com a formação da Liga de Delos.

> Ao longo do século IV a.c., algumas colônias gregas na Ásia menor passaram a ser alvos fáceis para o poderio do império persa. Com a finalidade de se protegerem desse processo, os gregos formaram a **Liga de Delos**, uma organização de defesa mútua frente a um possível ataque persa.

Finley (1963) ainda destaca que, considerando o desinteresse de Esparta (uma vez que eram capazes de proteger a si mesmos), coube a Atenas o papel de liderar a liga, enquanto os recursos e a administração desta se concentravam na Ilha de Delos. A estrutura da liga, que contava com o apoio de inúmeras cidades-Estado gregas, permitia que os membros cedessem suas contribuições em dinheiro, em barcos ou mesmo na forma de marinheiros.

A expansão e o controle persa exercidos na região da Ásia menor descontentavam os gregos, fator culminou com o surgimento da revolta Jônica, em 499 a.c. Mesmo contando com o apoio ateniense, em 494 a.c., os gregos sofreram uma grande derrota em Mileto, que foi tomada pelos persas. Como retaliação à reação dos jônios, os persas enviaram uma frota marítima à Grécia, dando início à batalha de Maratona. Foi apenas devido à presença expressiva de hoplitas nessa cidade e, na segunda fase, à união entre espartanos e atenienses na batalha das Termópilas, que os gregos foram capazes de manter seu território livre da presença persa, conforme Pomeroy et al. (2004).

Do ponto de vista militar, a formação da liga foi bem-sucedida, uma vez que os gregos foram capazes de se defender da ameaça persa, povo conhecido por seu desempenho em combate. Contudo, após o final da guerra, observamos uma mudança no perfil da Liga, cujo caráter de aliança por adesão voluntária foi enfraquecido pelas investidas impositivas atenienses. Atenas não permitiu que os membros deixassem a união, tomou para si as riquezas acumuladas e a administração do grupo, anteriormente sediada na ilha de Delos, e, em 454 a.C., passou a controlar sua frota marítima. Com o aporte das riquezas e o controle dos barcos, Atenas passou a ser a grande cidade-Estado. O dinheiro proveniente da Liga financiou o crescimento artístico e cultural promovido por Péricles, enquanto a posse dos barcos facilitou o controle do comércio marítimo e os acordos realizados com os persas, que favoreciam a manutenção da paz externa (Finley, 1963).

Porém, conforme é apontado por Finley (1963), o fato de que existia certa hegemonia em Atenas não significava que as guerras tivessem deixado de fazer parte do mundo grego; pelo contrário, era comum existirem conflitos entre cidades-Estado. Entre os fatores que poderiam desencadear um conflito destacam-se: crises nas fronteiras, necessidade de escravos e controle das rotas de transporte de cereais.

Nesse sentido, cabe ressaltar que o fato de o mundo grego ser bastante fragmentado favorecia o surgimento desses conflitos (ainda que, em outros momentos, eles pudessem unir-se contra um inimigo comum, como a Pérsia). Algumas alianças com blocos de cidades mais poderosas, como a Liga de Delos (sob o controle de Atenas) ou a Liga do Peloponeso (sob o controle de Esparta), ajudaram, no primeiro momento, a evitar confrontos, porém acabaram por desencadear a Guerra do Peloponeso, momento em que essas duas alianças político-militares entraram em conflito (Finley, 1963).

A partir de 450 a.C., observamos o início de conflitos e animosidades entre Esparta e Atenas. Se, num primeiro momento a situação foi resolvida – e observamos mais de duas décadas de paz –, em seguida teve início a **Guerra do Peloponeso**.

Essa guerra difere-se dos demais conflitos da Grécia Antiga. Enquanto os outros atingiam poleis específicas e ocorriam durante curto espaço de tempo (lembrando que as guerras ocorriam no verão), essa disputa extrapolou esse cenário em todos os sentidos. Conforme apontado por Funari (2006), a do Peloponeso é a guerra em grande escala ocorrida em um contexto democrático. Além disso, esse conflito se caracterizou por um grupo de inovações militares, em especial por parte dos atenienses, os quais elaboravam estratégias como o abandono de campo, a proteção da população com a concentração na cidade e o fortalecimento da marinha.

Ao longo da disputa, de acordo com Funari (2006), observamos a cisão do mundo grego em dois grandes grupos, liderados por Atenas (que tinha grande poder naval em virtude da Liga de Delos) e Esparta. Enquanto esta última contava com o apoio de Tebas (que recebia financiamento dos persas) e tinha a simpatia das oligarquias, Atenas aliava-se àqueles que se opunham à presença persa. Tendo durado de 431 a.C. a 404 a.C., esse conflito se encerrou com a vitória espartana e a criação de um governo oligárquico em Atenas, formado por apoiadores de Esparta.

De acordo com Funari (2006), período posterior à Guerra do Peloponeso foi marcado pela ausência de uma potência hegemônica no mundo grego, tornando a unidade entre as poleis ainda mais precária – fragmentação essa que favoreceu o retorno da pirataria, o domínio da Pérsia sobre as cidades da Ásia menor e, principalmente, beneficiou a tomada da Grécia pelos macedônicos.

(1.3)
Período helenístico

O período helenístico foi marcado pela dominação das cidades-Estado gregas por Filipe II e, posteriormente, por seu filho Alexandre.

Com a fragmentação observada ao final da Guerra do Peloponeso, Filipe II, rei da Macedônia, tornou-se o senhor das cidades-Estado gregas, principalmente pelo desejo de derrotar o império persa, no que os macedônios foram bem-sucedidos. Considerando o modelo adotado pelas cidades-Estado gregas e o existente em várias delas, podemos imaginar a mudança que representava estar sob o controle de um estrangeiro. Ao mesmo tempo, a presença macedônica favoreceu a atenuação dos conflitos entre as poleis, conforme é apontado por Finley (1963, p. 76):

O êxito de Filipe, repetido pelo seu filho Alexandre, ilustrava mais uma vez, e pela última, a regra de que as dificuldades políticas que radicavam na fragmentação da hélade só eram suscetíveis a uma solução imposta, quer por um estado grego mais forte, ou por um estado estrangeiro poderoso.

Após o reinado de Filipe II, tem-se início o governo de seu filho, Alexandre, o Grande, o qual, como o próprio epíteto já denota, foi um exímio conquistador. Para além da imagem de conquistador (uma vez que assumiu o trono aos 20 anos e, quando morreu, aos 32, havia conquistado um dos maiores impérios de todos os tempos), Alexandre e o domínio macedônico mudaram de maneira indelével a história grega.

O anteriormente aluno de Aristóteles, Alexandre, foi o responsável por unificar povos gregos e do Oriente sob um único governo após derrotar o exército persa. Tendo derrotado um dos povos mais temidos da Antiguidade e dominado seu território, Alexandre foi obrigado a ceder e manter relações com alguns membros da aristocracia persa, a fim de ser capaz de assegurar o domínio de tão vasto território (Badian, 1977).

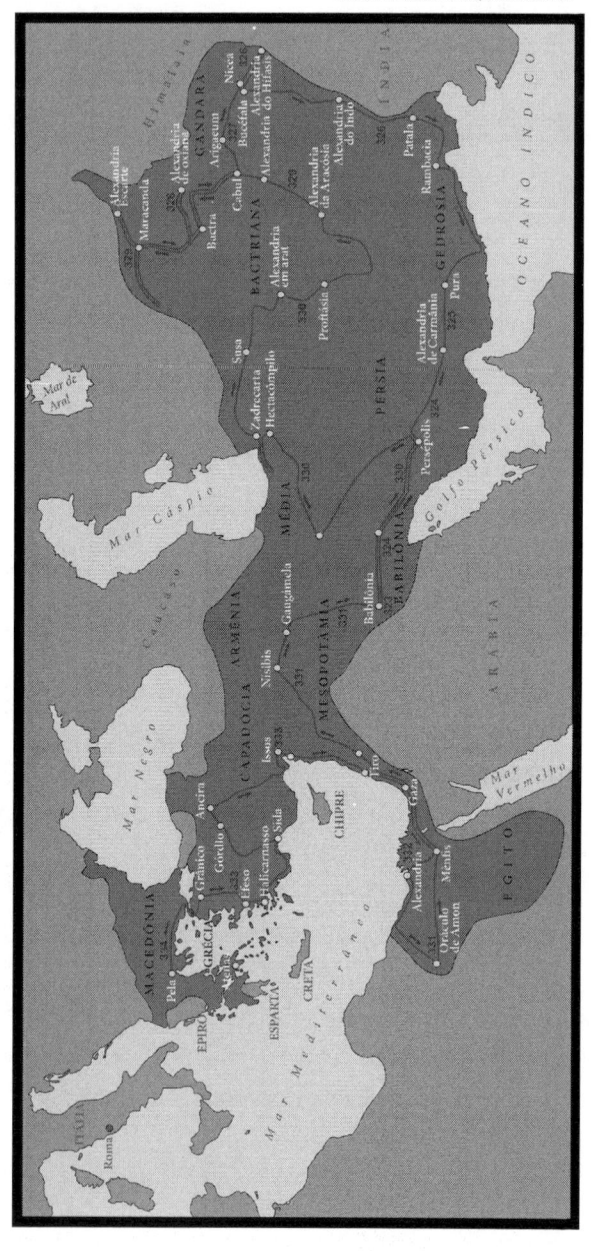

Figura 1.1 – Mapa do império de Alexandre, o Grande

Com a morte de Alexandre, conforme apontado por Badian (1977), o império macedônico adentrou um período de disputas internas, uma vez que Alexandre não deixou sucessor para ocupar seu cargo. Assim, a luta que se seguiu pelo controle do império acabou por redefinir as fronteiras: após meio século de lutas, Seleuco dominou a região da Ásia, Lisímaco os territórios europeus, e Ptolomeu, o Egito. Com os confrontos entre Lisímaco e Seleuco resultando na morte do último (que havia derrotado Lisímaco), os territórios passaram a ser dominados por outro grupo, os gauleses (Badian, 1977).

Após a expulsão dos gauleses (realizada com a união de Antígono e Antíoco, respectivamente um familiar de um general de Alexandre e o filho de Seleuco), observamos um período de maior estabilidade, uma vez que ambos os vencedores mantiveram a paz governando seus respectivos reinos (Badian, 1977). Assim, esse período da história grega pode ser classificado como um **momento de descentralização política**, com o surgimento de reinos menores, os quais, segundo Badian (1977), se baseavam em tradições e elementos da cultura grega e macedônica.

No que se refere ao mundo grego, Badian (1977) destaca que, para além dos reinos formados, as cidades-Estado gregas passaram a se reunir em ligas, em especial a Etólia e a Acaia. O autor afirma que, de certa forma, as disputas internas entre esses grupos acabaram por favorecer a dominação romana no período que se seguiu. A partir do século II a.C., observamos a anexação dos territórios que um dia compuseram o império de Alexandre ao território romano.

Cabe ressaltar que, ainda que anexadas ao território romano, diversas poleis gregas mantiveram sua cultura e sua língua, ao mesmo tempo que continuaram a se declarar como herdeiras da civilização grega. Nesse sentido, ressaltamos que a presença grega no mundo antigo causou tanto impacto que até os povos que vieram a dominar o território (os romanos) reconheciam o potencial e a riqueza da cultura grega, ao mesmo tempo que desejavam se identificar com essa civilização. A língua grega era conhecida dos romanos ilustres, os quais buscavam babás e preceptores gregos para seus filhos, a fim de que dominassem essa língua desde pequenos.

Assim, além dos povos da Antiguidade, que reconheciam nos gregos as qualidades da sua cultura e civilização, podemos afirmar que, ao longo da história, os mais diversos povos buscaram se identificar com os ideais gregos. Essa apropriação dos gregos (acerca de sua história, cultura e costumes) fez com que, em diferentes momentos, determinados aspectos da sua história recebessem maior atenção e destaque do que outros.

Dados como as relações que as cidades gregas mantinham entre si e com grupos externos serviram para justificar atitudes políticas no mundo moderno. Mesmo o conceito de democracia, sempre tão rememorado quando falamos sobre a Grécia Antiga, foi modificado de forma ímpar. Qual sociedade contemporânea daria o título de democracia para uma sociedade que excluísse estrangeiros e mulheres de seu quadro de cidadãos, como era feito na Atenas clássica?

São essas construções do senso comum acerca do passado grego que fazem com que se torne ainda mais relevante o estudo de sua história. Ora, se cada momento histórico elaborou sua percepção do que seria a Grécia Antiga, cabe a nós reconhecer quais elementos são valorizados em nosso período e com qual intuito.

Síntese

Como você deve ter percebido, a história da civilização grega é marcada pela dicotomia entre o universal e o específico. A organização da população em cidades-Estado independentes entre si faz, por um lado, que consideremos a fragmentação e os múltiplos sistemas políticos existentes na hélade; por outro lado, a própria ideia de pólis como um território autogovernado as une em um grupo relativamente coeso, uma vez que mesmo cidades tão distintas como Atenas e Esparta eram obrigadas a discutir questões similares, como o modo de se defender, quem detinha o poder político ou como evitar que revoltas sociais enfraquecessem a pólis. É apenas por meio do processo de formação, ascensão e queda da cidade-Estado que podemos compreender os gregos antigos.

Assim, ao final deste capítulo, é esperado que você seja capaz de reconhecer o processo de desenvolvimento da civilização grega, desde os primeiros ocupantes do território grego até a dominação romana. É importante que você perceba como se deu a formação das primeiras poleis, e como estas desenvolveram seus sistemas políticos. Outra importante questão é a compreensão de como se deu a construção da ideia de democracia e cidadania em Atenas. Por fim, esperamos que domine os motivos que levaram ao esfacelamento do modelo antigo, à dominação macedônia e, posteriormente, romana.

Indicações culturais

Filmes

ALEXANDRE. Direção: Oliver Stone. EUA: Warner Bros., 2005. 170 min.

Esse filme narra a vida e as conquistas do rei macedônico Alexandre, o Grande.

TROIA. Direção: Wolfgang Petersen. EUA: Warner Bros., 2004. 162 min.

Troia narra a guerra entre gregos e troianos.

Livros

MILLER, F.; VARLEY, L. **Os 300 de Esparta**. São Paulo: Devir, 2006.

Adaptação para os quadrinhos da Batalha das Termópilas. Narra a principal participação espartana na guerra contra os persas.

Atividades de autoavaliação

1. Sobre a civilização minoica, é correto afirmar:
   a) Desenvolveu-se na Ilha de Creta e dedicou-se apenas à navegação.
   b) Tem esse nome em referência ao rei Minos.
   c) Não apresenta nenhuma relação com a civilização grega posterior.
   d) Todas as alternativas anteriores estão corretas.

2. Sobre a cidadania em Atenas, assinale a alternativa correta:
   a) A cidadania era um direito universal.
   b) Apenas aos homens nascidos de pai e mãe atenienses a democracia era plena.
   c) Aos estrangeiros com mais de 20 anos de moradia a cidadania era garantida.
   d) Apenas os donos de terras tinham direito a exercer sua cidadania.

3. Sobre os espartanos, assinale V nas afirmações verdadeiras ou F nas falsas. Em seguida, assinale a alternativa que apresenta a sequência correta:
   ( ) Dominavam a região da Lacônia e da Messênia.
   ( ) Tinham boa relação com estrangeiros residentes em seu território.

( ) Subjugavam os hilotas.
( ) Dedicavam-se ao comércio.
a) V, F, V, V.
b) V, V, F, V.
c) F, V, V, F.
d) V, F, V, F.

4. Sobre a Liga de Delos, assinale a alternativa **incorreta**:
   a) Tratava-se de uma defesa contra os persas.
   b) Tinha Atenas como líder.
   c) Foi elaborada com o intuito de enfraquecer Esparta.
   d) Teve seus recursos apropriados por Atenas.

5. A respeito das reformas empreendidas por Solón, é correto afirmar que:
   a) aumentaram a desigualdade social em Atenas.
   b) tinham como intuito aumentar os privilégios dos aristocratas.
   c) favoreceram os camponeses pobres.
   d) se restringiram à esfera militar.

Atividades de aprendizagem

Questões para reflexão

1. Explique como a geografia é um elemento importante para compreendermos a história da Grécia.

2. Defina quais elementos políticos e sociais foram essenciais para a formulação da concepção de democracia em Atenas.

Atividades aplicadas: prática

1. Elabore um quadro comparativo das características sociais, políticas e econômicas de Atenas e Esparta.

2. Considerando a importância do conceito de cidadania no mundo contemporâneo, leia o texto de Guarinello indicado a seguir e compare o conceito de cidadania elaborado pelos gregos na Antiguidade com aquele apresentado na Constituição Federal do Brasil de 1988.

GUARINELLO, N. L. Cidades-Estado na Antiguidade clássica. In: PINSKY, J.; PINSKY, C. B. (Org.). **História da cidadania**. São Paulo: Contexto, 2003. p. 29-47.

Capítulo 2

Cultura grega

Conforme comentamos anteriormente, a presença da sociedade e da cultura gregas em meio à vida cotidiana é algo inevitável. Ao observarmos um museu ou uma construção de estilo neoclássico ou ao buscarmos as origens de alguns de nossos paradigmas filosóficos, reconhecemos a influência do povo grego. Da mesma forma, a mitologia grega continua presente em nossas vidas, seja em filmes e jogos, seja nas teorias psicanalíticas. Dessa forma, neste capítulo, vamos apresentar brevemente alguns desses aspectos da Grécia Antiga: a religiosidade, a arte e a filosofia gregas.

(2.1)
Religiosidade grega

A religião grega tende a reter a atenção do indivíduo moderno. O conjunto de referências que nos chegam a respeito desse tema faz com que fiquemos estupefatos, tanto pelas histórias de mitologia quanto pela grandiosidade e pela beleza dos templos, estátuas e pinturas dedicadas ao tema. Ao mesmo tempo, as temáticas, as práticas e a organização da esfera religiosa da Grécia Antiga são bastante diversificadas e inéditas para os olhos contemporâneos.

As origens da religião grega residem na civilização minoica, segundo os estudiosos da história das religiões Eliade e Couliano (1993). Sabemos, por meio dos afrescos encontrados nos palácios de Cnossos, que a religiosidade minoica se baseava no culto a uma deusa, representativa da natureza, "senhora dos animais, mas também das montanhas e dos mares, da agricultura e da guerra, rainha dos vivos e dos mortos" (Eliade; Couliano, 1993, p. 160). Oferendas e sacrifícios de animais eram feitos, bem como a construção de estátuas votivas. Nesse sentido, é interessante destacar que Finley (1990), ao falar sobre a Ilha de Creta, onde se desenvolveu a civilização minoica, afirma que a ilha tinha uma característica numinosa, algo que lhe associava à esfera sagrada. No entanto, assim como ocorre com o restante dos dados acerca da civilização minoica, são esparsas as fontes sobre sua religiosidade que chegaram até nós.

Dessa primeira manifestação religiosa existente na Grécia passamos à religiosidade micênica, cujos deuses como Poseidon, Zeus, Hera e outros foram incorporados à mitologia grega clássica, consistindo na religiosidade existente na hélade a partir do período arcaico (Eliade; Couliano, 1993).

Antes de nos aprofundarmos no tema, devemos destacar que, de modo geral, o estudo da religiosidade grega nos apresenta uma série de problemas.

> Inicialmente, lembramos que, embora, de maneira geral, o panteão seja praticamente o mesmo em todo o território grego, em virtude das diferenças e da própria segregação das poleis gregas, existiam e existem inúmeras variações nos mitos e rituais gregos.

Logo, conforme apontam Eliade e Couliano (1993), os deuses, seus atributos e suas lendas variavam segundo a região em que eram cultuados. Assim, não podemos imaginar a religiosidade grega em uma grande padronização (tal como a Igreja Católica, que mantém rituais e práticas idênticas independentemente da região). Pelo contrário, além dos dados acerca dos deuses, as práticas religiosas cotidianas apresentavam variações de acordo com o momento e a região em que eram realizadas.

Considerando esses aspectos, destacamos a existência de diferentes instâncias da religião grega. Uma delas era a civil, responsável por determinar as datas e os locais das festas sagradas em cada cidade

(Eliade; Couliano, 1993). Ao mesmo tempo, podemos afirmar que as esferas política e religiosa eram bastante próximas. Exemplo disso é, segundo Vernant (2006), o fato de que, para confirmar o domínio do território, a pólis erigia um templo em homenagem ao deus protetor da cidade. Podemos destacar ainda os esforços realizados para a construção dos templos ou o empenho da cidade de Atenas para refazer o templo à deusa protetora após o templo que já existia ter sido destruído no conflito com os persas.

Vernant (2006) explica que, mesmo com essa organização associada à esfera pública, de maneira geral, a religiosidade grega mostrava-se múltipla e ampla em suas práticas, as quais, como já mencionamos, distanciam-se enormemente da percepção de religião que observamos no mundo contemporâneo. A inexistência de um livro sagrado que organizasse a ritualística fez com que as práticas variassem significativamente entre as cidades-Estado.

Para Vernant (2006), na maioria das vezes, para o grego antigo, não existia uma distinção clara entre o mundo natural e o sobrenatural. Estas eram áreas interligadas, que dialogavam entre si e tinham uma origem comum. Existia, entretanto, uma diferenciação clara entre os humanos e os deuses, sendo que estes últimos detinham amplo controle dos fenômenos naturais e eram capazes de modificá-los conforme seu humor ou interesse.

Nesse sentido, uma das principais características da religiosidade grega é o **politeísmo**. Conhecemos as narrativas sobre as divindades por meio das múltiplas obras literárias (não necessariamente escritas com essa finalidade). Os diversos deuses do panteão grego contavam com características e habilidades específicas. Ainda que saibamos dessas particularidades, algo nos chama a atenção na religiosidade grega: a atitude das divindades.

> Na mitologia grega os deuses não eram representados como bons ou maus por natureza (como ocorre com o cristianismo, em que Deus é em essência bom, sendo essa uma característica inalienável da deidade). Pelo contrário, as divindades gregas expunham um comportamento bastante "humanizado", uma vez que podiam apresentar atitudes passionais, desejos, ações vingativas ou em prol dos humanos, dependendo da ocasião, além de, em alguns casos, serem narradas rivalidades e desencontros entre os deuses. Assim, ainda que tivessem caráter extraordinário, por vezes entravam em contato direto com os humanos, atuando de forma incisiva em suas querelas (Funari, 2002).

Essa relação dos deuses com o mundo era marca central da religião na Grécia Antiga. Como aponta Vernant (2006, p. 4-6), os deuses eram parte integrante do mundo, o qual também eram capazes de modificar:

Todo panteão, como o dos gregos, supõe deuses múltiplos; cada um tem suas funções próprias, seus domínios reservados, seus modos particulares de ação, seus tipos específicos de poder. [...]

Esses deuses múltiplos estão no mundo e dele fazem parte. Não o criaram por um ato que, no caso do deus único, marca a completa transcendência deste em relação a uma obra cuja existência deriva e depende inteiramente dele. Os deuses nasceram do mundo. A geração daqueles aos quais os gregos prestam um culto, os olimpianos, veio à luz ao mesmo tempo que o universo, diferenciando-se e ordenando-se, assumia sua forma definitiva de cosmos organizado. Esse processo de gênese operou-se a partir de Potências primordiais, como Vazio (Cháos) e Terra (Gaîa), das quais saíram, ao mesmo tempo e pelo mesmo movimento, o mundo, tal como os humanos que habitam uma parte dele podem contemplá-lo, e os deuses, que a ele presidem invisíveis em sua morada celeste.

Nesse sentido, na *Teogonia* de Hesíodo, são apresentados os mitos fundadores, bem como as regras que ordenariam o universo segundo a crença grega. A crença nos deuses era parte da tradição à qual os gregos eram apresentados desde o nascimento e por meio da qual compreendiam o mundo à sua volta. Assim, segundo Vernant (2006), o mundo grego não tinha facetas distintas para as esferas religiosa e profana, mas uma percepção que presumia que todas as esferas da vida cotidiana eram permeadas pelo sagrado. Ao mesmo tempo, Vernant (2006) afirma que existia uma distinção clara entre os deuses e os homens. Os primeiros eram imortais e poderosos, enquanto os humanos eram afligidos de todos os problemas, principalmente a mortalidade.

Como já mencionamos, os **mitos** faziam parte das narrativas populares. Eles eram repassados oralmente pela população e versificados pelos poetas, os quais, ao narrarem esses textos, se inseriam na tradição literária. Sobre a mitologia, cabe uma ressalva. Os mitos eram parte da cultura grega e, como elemento vivo, apresentavam variações de acordo com a região. Mas essa "maleabilidade" para com o tema não significa que esse processo fosse enxergado como algo externo à esfera religiosa; era parte integrante da religiosidade.

Nesse sentido, Vernant (2006) destaca que, ao tratarmos de uma religião politeísta, a qual, além dessa característica, conta com múltiplas narrativas sobre os deuses, devemos reconhecer que esse aspecto podia tanto unir quanto separar os gregos antigos: unir pelas narrativas em comum (por exemplo, Atena, independentemente de seus atributos locais, seria sempre filha de Zeus) e separar pelos atributos e especificidades que a narrativa mitológica recebia em cada região.

No entanto, não podemos separar o mito do ritual. A prática religiosa era influenciada por essas categorias e símbolos expressos nas narrativas mitológicas e nas imagens dos deuses. Nesse sentido, destacamos que,

Além do temor reverencial e do sentimento difuso do divino, a religião grega apresenta-se como uma vasta construção simbólica, complexa e coerente, que abre para o pensamento como para o sentimento seu espaço em todos os níveis e em todos os seus aspectos, inclusive o culto. O mito faz sua parte nesse conjunto da mesma maneira que as práticas rituais e os modos de figuração do divino: mito, rito, representação figurada, tais são as três formas de expressão verbal, gestual, por imagem – através das quais a experiência religiosa dos gregos se manifesta, cada uma constituindo uma linguagem específica que, até em associação às outras duas, responde a necessidades particulares e assume uma função autônoma.
(Vernant, 2006, p. 24)

Mas como se dava a percepção dos gregos a respeito de seus deuses? Vernant (2006) destaca que, mesmo com as narrativas mitológicas anunciando casos de indivíduos que desejaram se aproximar dos deuses e sofreram as consequências desse atrevimento e mesmo com as ressalvas feitas pelo oráculo de Delfos a esse respeito, existia uma categoria que era capaz de romper com as diferenças entre os deuses e os humanos: os **heróis**.

Também conhecidos como *semideuses*, os heróis ocupavam um espaço no meio do caminho entre os deuses e os humanos, pois, tendo sido recompensados pelos seus feitos sem receber os mesmos atributos dados aos deuses, contavam com um futuro mais aprazível que o dos mortais (Vernant, 2006).

Ainda no que diz respeito aos deuses e à separação de categorias, existia uma hierarquia entre as deidades gregas, em que Zeus tinha papel central. Para se obter um favor das divindades era necessário que se estabelecesse o contato por meio de ofertas, denominadas *Thysia* (sacrifício), como segue descrito a seguir:

Normalmente, trata-se de um sacrifício cruento de tipo alimentar: um animal doméstico, enfeitado, coroado, ornado de fitas, é levado em cortejo ao som das flautas até o altar, aspergido com água lustral e com um punhado de grãos de cevada que também são lançados sobre o solo, o altar e os participantes, também eles portadores de coroas. A cabeça da vítima é então levantada; cortam-lhe a garganta com um golpe de máchaira, uma espada curta dissimulada sob os grãos no kaneoyn, o cesto ritual. O sangue que jorra sobre o altar é recolhido num recipiente. O animal é aberto; extraem-se suas vísceras, especialmente o fígado, que são examinadas para que se saiba se os deuses aprovam o sacrifício. Nesse caso, a vítima é logo retalhada. Os ossos longos, inteiramente descarnados, são postos sobre o altar. Envoltos em gordura, são consumidos pelas chamas com aromatizantes e, sob a forma de fumaça perfumada, elevam-se para o céu, em direção aos deuses. Alguns pedaços internos, os splágchna, enfiados em espetos, são grelhados sobre o altar, no mesmo fogo que envia à divindade a parte que lhe cabe, estabelecendo assim o contato entre a Potência sagrada destinatária do sacrifício e os executantes do rito, aos quais essas carnes grelhadas estão reservadas. O resto da carne, fervido em caldeirões e depois cortado em porções iguais, é às vezes consumido no local, às vezes levado para casa pelos participantes, e outras distribuído fora, no âmbito de uma comunidade menos ou mais ampla. (Vernant, 2006, p. 54-55)

Ainda que esse fosse um ritual-padrão, poderia sofrer variações de acordo com os deuses envolvidos. Caso fossem deuses infernais, o sangue era depositado em uma vala no solo, e os participantes não dividiam o sacrifício entre si. Isso, segundo Vernant (2006), igualaria os cidadãos da pólis em torno do consumo do sacrifício. O sacrifício deve ser visto como elemento que separa os mortais dos deuses ao mesmo tempo que serve como diálogo entre essas esferas.

Para além da religião cívica – que contava com um calendário preestabelecido e regras mais rígidas – e dos sacrifícios, existiam ainda os cultos de mistério, como o culto de Elêusis. Outro exemplo de subversão pode ser observado pelo culto a Dionísio, que fazia parte do panteão, mas era marcado pela quebra da ordem social (Funari, 2009; Vernant, 2006).

Considerando que a principal diferença entre os deuses e os mortais era, como o termo já explica, a imortalidade dos primeiros, no que se referia à vida após a morte os gregos acreditavam em múltiplas possibilidades: em princípio, a *psyche* (alma) do indivíduo abandonava o corpo e podia assombrar os vivos ou, caso ele tivesse comportamento exemplar, podia se tornar um herói do panteão grego (Vernant, 2006).

Segundo Eliade e Couliano (1993), após o governo de Alexandre, ocorreu o surgimento do **helenismo**, o qual perdurou até a ascensão do cristianismo e influenciou a religiosidade romana. Tratava-se de uma religião influenciada pelas ideias aristotélicas e estoicas, além da religiosidade da região do Crescente Fértil e do Egito.

O helenismo caracterizava-se pela ascensão da astrologia e do misticismo, com "produção abundante de invocações, sinais, encantamentos, amuletos, maldições e hinos cujas fórmulas e receitas são conservadas em manuais escritos em grego e em egípcio demótico – os célebres 'papiros mágicos'" (Eliade; Couliano, 1993, p. 170).

Tais práticas se espalhavam por territórios que, posteriormente, fariam parte do império romano, motivo pelo qual, ainda que não se tratasse de uma continuidade (o que seria uma visão simplista da religiosidade romana), podemos observar influências das práticas e mitos gregos no que concerne à religião romana – tema que abordaremos mais adiante.

Mais do que uma mera continuidade por meio da influência sobre os latinos, devemos destacar, como apontado por Funari (2009a, p. 42), que

> *Talvez se possa afirmar que a religião grega, ou seus aspectos e mitos, constitua o fundamento mais sólido da maneira como nós pensamos o nosso próprio mundo moderno. Mais do que qualquer outra religião que o mundo esqueceu, ela surge no nosso cotidiano, tanto em conceitos elaborados [...] quanto em expressões populares.*

Assim, para além de um conjunto de mitos ou da influência por eles exercida sobre a religiosidade romana, devemos observar a religião grega como um grupo de narrativas fundadoras, as quais eram parte integrante da forma como os gregos enxergavam o mundo, e que, graças à sua riqueza e originalidade, continuam a despertar o interesse do mundo contemporâneo.

(2.2)
ARTE GREGA

A arte grega fundou padrões tão profundos na cultura ocidental que não é incomum, ao lermos reportagens sobre arte, observarmos certo louvor em relação à arte clássica, em especial a grega. Cabe lembrar, no entanto, que, para além das esculturas e pinturas gregas que tanto nos chamam a atenção, seja em reproduções, seja nos grandes museus do mundo (nos quais o passado grego tem destaque), as obras literárias são parte da produção artística grega. Nesse sentido, os **textos gregos** e, em especial, as obras homéricas estabeleceram padrões e cânones literários que são até hoje reconhecidos como marcos da literatura mundial.

É importante notar que, mais do que o interesse estético e artístico que desenvolvemos sobre o passado grego, tais obras na forma de esculturas, pinturas ou textos literários nos proporcionam uma melhor compreensão do passado grego. No entanto, para que possamos nos aproximar de vestígios tão específicos, faz-se necessário compreendermos melhor as particularidades da análise artística. Para isso, apresentaremos uma breve introdução ao tema e, ao final, citaremos algumas obras que podem auxiliar o aprofundamento dos estudos.

À arte grega, em especial a estatuária e a arquitetura, é devida certa reverência. De maneira geral, reconhecemos determinados elementos como parte de uma tradição que o Ocidente cooptou para si (tema que será retomado no Capítulo 5). Assim, mesmo aqueles que não conhecem a história da arte grega são capazes de reconhecer determinados aspectos, como a estatuária em mármore ou as colunas neoclássicas em edifícios. Mas por que essas relações são tão comuns para nós?

> Essa veneração pela arte grega não se restringe aos tempos modernos, nos quais podemos observar alusões clássicas na arquitetura, como a dos edifícios de Washington (Fullerton, 2002). Os romanos encomendavam réplicas de esculturas gregas para adornar suas casas (algo que permitiu que tenhamos uma ideia de como eram as obras descritas pelos comentadores gregos, mas cujas peças originais não chegaram até nós).

Nesse sentido, devemos reconhecer que, para além de uma mera expressão de beleza, a adoção do modelo grego nas artes insinua uma grandiosidade do período antigo, ao mesmo tempo que se associa ao passado clássico, ou seja, com um grupo que o Ocidente tendeu a identificar como fundadores de um modelo de mundo e de um passado histórico relevante.

Cabe a nós reconhecer essas referências para que sejamos capazes de olhar, de maneira crítica, para a forma como comumente as pessoas se apropriam desse passado. Para tanto, analisaremos em seguida três aspectos da arte grega – a escultura, a arquitetura e a pintura –, segundo a percepção de alguns estudiosos dessa arte.

Salientamos ainda que, muito embora seja uma temática estudada desde o período renascentista, no qual os artistas buscavam se inspirar nos modelos gregos, existem lapsos na continuidade da história da arte grega. Dessa forma, a análise dessas obras ocorre, parcialmente, pautada em descrições sobre a arte encontradas em comentadores do período, os quais permitem que saibamos como eram partes de obras que foram destruídas pelo tempo ou pela ação dos humanos.

Em seu amplamente referenciado estudo sobre a história da arte, Gombrich (2000) afirma que a arte grega teria se iniciado em Creta, tendo contato e sendo influenciada, a princípio, pelos egípcios. A arte cretense teria impactado os povos que viviam nas ilhas do entorno e, posteriormente, a civilização micênica (Gombrich, 2000). Creta era famosa no mundo antigo e as pinturas de afrescos encontradas em seus palácios, ainda que relevantes histórica e artisticamente, são bastante diferentes da arte grega posterior (Robertson, 1977). Como um ponto de mudança entre as obras do passado cretense, destaca-se, próximo ao ano 1000 a.c., a entrada de novos povos na região, os quais teriam determinado mudanças na arte produzida na ilha, sendo caracterizada por Gombrich (2000, p. 75) como "rude, desgraciosa e primitiva".

Cabe salientar que a arte grega do período próximo ao ano 1000 a.C. nos legou poucas referências e vestígios em comparação com as obras do chamado *período clássico*. Entre o material que chegou até nós, destacam-se as cerâmicas, as quais apresentaram, com o tempo, uma mudança temática dos florais (típicos do período anterior) para outros temas mais abstratos, sendo que somente no século VII a.C. surgiram vasos com figuras humanas. Ao mesmo tempo, o contato dos gregos com povos do Oriente, ao longo dos séculos VIII e VII a.C., fez com que aqueles fossem influenciados pela arte oriental. Simultaneamente, na região de Corinto, foi criado um modelo que veio a se tornar comum na cerâmica grega: a produção de figuras negras sobre a cerâmica, com temas majoritariamente mitológicos (Robertson, 1977).

É importante ressaltar que, mesmo tendo menor espaço no imaginário popular, a pintura também detinha importante papel na arte grega. Conforme apontado por Gombrich (2000), a principal fonte de pinturas gregas são, justamente, os vasos utilizados para guardar vinho e azeite, os quais eram adornados com cenas de momentos históricos ou mitológicos ou, ainda, ilustrações do cotidiano. Esse estudioso destaca que, inicialmente, essas pinturas adotavam um padrão bem próximo ao das pinturas egípcias (de perfil, com os olhos representados como se estivessem de frente) para, a partir do século V a.C., passarem a apresentar características inovadoras, como a representação do indivíduo de frente para o observador, ou seja, considerando o ângulo do observador – algo que, para Gombrich (2000), é um marco extremamente importante da história da arte.

Da mesma forma, Robertson (1977) destaca que, mesmo tendo sido influenciada por padrões orientais, a arte grega teria sofrido uma mudança drástica a partir do início do século V a.C., quando as artes deixaram de seguir os padrões mais rígidos da cultura oriental. Para ele, a arte grega se alternava entre a ideia de "um ideal realizável" e o "naturalismo" (Robertson, 1977, p. 157).

Nesse sentido, cabe advertir a relevância da **cerâmica grega** para os historiadores, uma vez que esta congrega em si a maioria das referências acerca da pintura grega que chegaram até nós, bem como representa – além das características mitológicas – a vida cotidiana dos gregos antigos.

De maneira geral, podemos dividir a arte cerâmica grega em dois grupos: aquelas elaboradas com figuras negras, ou seja, em que a imagem é elaborada com pigmento preto sobre a cerâmica vermelha, e o segundo tipo, no qual a cerâmica é decorada ainda úmida, sendo que todo o fundo é pintado de preto, enquanto as imagens são deixadas sem cobertura. Essa segunda forma de produção, que permite a elaboração de pinturas com maior quantidade de detalhes, foi desenvolvida em Atenas, por volta de 530 a.C. (Pomeroy et al., 2004). Enquanto os vasos eram de uso cotidiano e passaram por alterações no estilo ao longo do tempo (por exemplo, inicialmente apresentavam maior influência da pintura egípcia), a arquitetura grega é delimitada pela vida na pólis. Para Robertson (1977), o contato com o Oriente teria feito com que os artistas gregos se voltassem para a produção da arte monumental, algo que ainda não era desenvolvido na hélade. Assim, são exemplos em potencial dessa arquitetura os **templos gregos**. Gombrich (2000) destaca que esses templos dos quais nos restam vestígios são, em parte, inspirados nos primeiros templos de madeira elaborados pelos povos que sucederam o domínio micênico. Um aspecto interessante levantado pelo autor é o fato de que, como os gregos não tinham um governo central, não observamos entre esse povo obras de tamanho descomunal, como as pirâmides, mas trabalhos que "foram edificados por seres humanos, e para seres humanos" (Gombrich, 2000, p. 77).

Logo, ao pensarmos nos templos gregos, devemos nos recordar que se tratam de obras realizadas com intuito religioso, como homenagem ao deus retratado. Assim, cada pólis elaborava seu templo de maneira particular, ainda que possamos observar algumas semelhanças entre essas obras arquitetônicas:

Esse templo em sua forma mais típica (há muitas variações importantes) é uma longa sala estreita, com um pórtico no leste, um falso pórtico correspondente atrás, uma coluna circundante e um teto baixo, com frontões triangulares em cada extremidade. As colunas sustentam uma viga simples [...] e há muitos vestígios do condicionamento deste estilo pela madeira [...]. (Robertson, 1977, p. 169)

Assim, além de serem a morada de um deus (os ritos eram realizados na área externa, em um altar), os templos eram, ao mesmo tempo, uma oferenda ao deus e um local de atividade religiosa. Conforme apontado por Fullerton (2002), a construção desses monumentos demandava um grande esforço e muitos recursos, sendo estimulada pela disputa entre as poleis. Assim, podemos concluir que, para além da questão religiosa e estética, a arquitetura era também uma maneira de demonstrar o poder das poleis.

Ainda que possamos enumerar diversos templos erigidos durante a história grega, destacamos aqui o **Partenon**[1]. Construído com os recursos apropriados da Liga de Delos durante o governo de Péricles, o Partenon representa, segundo Robertson (1977), "a Atenas imperial".

Conhecida por ser "extremamente rica" (Robertson, 1977, p. 197), a decoração do Partenon é marcada pela constância temática, com representações da deusa protetora. Ao mesmo tempo, era uma obra elaborada para celebrar as virtudes dos cidadãos atenienses (Fullerton, 2002).

Dessa forma, ainda que parte das figuras decorativas tenham sido retiradas do templo – junto às descrições de comentadores do

---

1   *Essa escolha se deve pela importância do Partenon no período em que foi elaborado, durante o governo de Péricles em Atenas, bem como pela grandiosidade da obra. Cabe ressaltar que Atenas teve um papel importante no desenvolvimento da arte grega, conforme apontado por Gombrich (2000, p. 77): "dentre essas cidades-Estado gregas, Atenas na Ática tornou-se de longe a mais famosa e a mais importante na história da arte. Foi aí, sobretudo, que a maior e mais surpreendente revolução em toda a história da arte produziu seus frutos".*

período –, é possível retomar alguns dos temas apresentados, como nos frontões[2] do templo. Toda a temática apresentada nessa região do templo e as esculturas que adornavam esse local teriam sido as últimas a serem feitas e, por isso mesmo, seriam de qualidade técnica superior (Robertson, 1977). Os temas abordados nesse trecho do templo tratavam da mitologia referente à deusa Atena (em especial o nascimento) e sua relação com a cidade. É interessante ressaltar que, conforme apontado por Fullerton (2002), a narrativa ali apresentada não era detalhada para o visitante. A compreensão da narrativa artística dependia dos conhecimentos prévios do observador sobre a temática que, como o estudioso destaca, era feita para os atenienses (Fullerton, 2002).

Entre os outros aspectos da decoração do templo, ainda que grande parte tenha sofrido o desgaste do tempo e das perseguições (e aqui cabe o questionamento de Fullerton sobre a forma como eram definidos os temas que deviam ou não ser preservados), sabemos que existiam representações de diversas batalhas, com centauros, amazonas e deuses, além de questões relacionadas à Guerra de Troia na métopa do templo (Fullerton, 2002). Ao mesmo tempo, o friso decorativo documenta uma procissão, a panateia, tema que seria incomum para um templo, já que se trata de uma representação não divina (Robertson, 1977).

Por fim, destacamos a estátua que adornava o templo. Descrita como uma obra de tamanho monumental, a verdadeira estátua de Atena não chegou até nós, apenas algumas réplicas, as quais nos permitem tentar compreender sua forma. Ela tinha uma altura substancial e era reconhecida por sua grandiosidade. Elaborada em madeira e

---

2   Frontão *é o nome dado ao espaço triangular entre o final das colunas e a cobertura do templo. Era um local de destaque, observado pelos visitantes assim que chegavam ao templo.*

recoberta com ouro e marfim, a estátua de Atena do Partenon – assim como a de Zeus encontrada em Olímpia – é parte da obra de Fídias, famoso escultor grego.

Considerando esses elementos, podemos entender como a construção do Partenon foi elemento de orgulho para os atenienses. Demandou recursos e esforço daquela população, além de ser sinal da relevância política de Atenas no período em que foi construído.

Um dado que chama a atenção no Partenon são as estátuas e os relevos que o adornam. Mas essa relação da arte grega com a estatuária não se restringe aos templos; esse aspecto era encontrado nas cidades e em alguns monumentos funerários. Nesse sentido, algumas evidências nos mostram que os gregos tiveram influência dos egípcios no que se refere às estátuas. Não se trata, no entanto, de uma mera reprodução do modelo egípcio, mas de adaptações deste (Gombrich, 2000; Robertson, 1977). Os artistas gregos diferenciavam-se dos egípcios por buscar dar movimento às suas obras, com figuras menos estáticas, que simulavam movimentos do cotidiano. Assim como ocorreu com aquelas que decoravam o Partenon, em especial as esculturas de deuses, tais obras não chegaram até nós por conta da **perseguição às figuras pagãs** promovida pelo cristianismo – as obras existentes nos museus são, em sua maioria, réplicas do período romano.

> De acordo com Gombrich (2000), ainda que influenciada pela arte oriental, uma das principais distinções da arte grega com relação à arte egípcia era não se manter tão presa a modelos. Logo, uma das características fundamentais das esculturas gregas era a capacidade dos artistas de registrar pessoas em movimento.

Assim, para esse pesquisador, a história da escultura grega é marcada, por exemplo, pela liberdade de experimentação dos escultores gregos na representação dos atletas olímpicos. Aliás, segundo

Gombrich (2000), foi justamente esse tipo de demanda que fomentou o desenvolvimento técnico dos escultores gregos.

Ainda que tivessem apresentado um desenvolvimento impressionante e artistas, como Fídias, alcançado certa fama, de maneira geral, ao longo da história grega, os artistas não tiveram uma profissão reconhecida; pelo contrário, eram vistos como meros artesãos. Foi apenas em meados do século V a.C. que a população passou a se preocupar com as escolas e a discutir sobre a produção artística. Conforme Gombrich (2000), as estátuas desse período eram marcadas pela busca da leveza, do movimento e da beleza. Os artistas precisavam se especializar em apresentar os músculos e o funcionamento do corpo, porém o fizeram de maneira que os movimentos representados parecessem naturais. A partir do século IV a.C., passaram a fazer **retratos** em esculturas, ou seja, os artistas dominaram a arte de dar características individuais aos rostos das estátuas. Aliás, as esculturas gregas eram pintadas, algo que pode parecer estranho para nós, acostumados a imaginá-las em mármore branco, mas era uma forma de se fornecer uma maior vivacidade à peça.

Ao associar os estilos artísticos da Grécia Antiga com o cenário político, Gombrich (2000) destaca que, ao iniciar o período helenístico, com a opulência do governo de Alexandre, essas características foram transferidas para a arte grega, a qual, ao contrário do que ocorria com os estilos dórico e jônico, tornou-se mais rebuscada, com mais detalhes em suas construções. Da mesma forma, as esculturas passaram a ser mais específicas, transmitindo o esforço realizado pelos músculos dos indivíduos retratados e os detalhes das expressões faciais, que ganharam destaque. Nesse período, ocorreu uma mudança na percepção da arte pela arte, sendo que a elite passou a comprar obras e suas réplicas para adornar suas casas. Esse processo felizmente nos favoreceu, pois espalhou essas produções pelo mundo antigo, uma vez que aquelas encontradas nos templos foram, na maioria, destruídas pelo tempo ou mesmo pelos cristãos ao perseguirem o paganismo.

Dessa forma, para além de mera reprodutora do corpo humano, devemos reconhecer na arte grega a tentativa e o esforço da forma e do modelo e, ao mesmo tempo, a maior dedicação à observação, em especial do corpo humano, fato que é um marco na história da arte. Tendo apresentado a preocupação de embelezar o cotidiano, ao decorar seus vasos e museus, os gregos legaram-nos imagens que, além da beleza intrínseca, nos auxiliam a compreender melhor o passado clássico.

(2.3)
Filosofia grega

Um dos elementos comumente lembrados como parte do legado grego para o mundo contemporâneo, a **filosofia** surgiu na Grécia Antiga há aproximadamente 2.500 anos. Além das reflexões de filósofos como **Platão** e **Aristóteles**, o mundo grego foi responsável pela formação dos parâmetros de raciocínio que influenciariam os filósofos ao longo da história.

Assim, por meio da observação e da discussão do mundo à sua volta, os gregos fundamentaram as bases da filosofia, uma das maiores contribuições da hélade. Ao buscarem respostas para as questões que atormentavam seus contemporâneos, os filósofos gregos inovaram por recusar as explicações míticas e religiosas e estabelecer uma tentativa de argumentar com a razão.

Inicialmente, a filosofia grega era um pouco diversa daquilo que compreendemos como pensamento filosófico na atualidade. Os primeiros filósofos fundaram assim a área da metafísica, a qual se dedicava à tentativa de compreender o mundo. Tradicionalmente, esse processo é apontado como iniciado por Tales de Mileto, o qual, ao questionar a ideia de que todas as ações eram fruto da vontade dos deuses e dedicar-se à observação do mundo à sua volta, estabeleceu as bases para o raciocínio lógico e científico (Pomeroy et al., 2004). Segundo Marcondes (1997), o surgimento da filosofia na Grécia Antiga é algo único, uma vez que nenhum povo anterior teria sido capaz de estruturar o pensamento filosófico-científico. Essa linha de raciocínio se diferenciava das explicações mitológicas, as quais dependiam da adesão do ouvinte e da ausência de críticas.

É certo que, ao buscar uma compreensão de mundo que extrapolasse a aparência e conseguisse ordenar o cotidiano, esses primeiros pensadores se aproximaram de áreas do conhecimento que atualmente se encontram separadas. Exemplo disso é Pitágoras, que, ao tentar compreender o mundo à sua volta, voltou-se para a busca de padrões universais. Por meio desse processo, ele chegou a conclusões que permanecem válidas até hoje, como o teorema matemático que leva seu nome.

Ainda que o ensino da filosofia se desse por meio de escolas, é interessante observar o método utilizado nesse processo. A prática do **diálogo** e da **discussão de ideias** com os seguidores remetem a esse período. É importante observar também que não se tratava de uma atividade restrita a uma pólis específica, mas que ocorria por toda a hélade. Esse modelo teria suas origens, conforme apontado por Vernant (1984), na organização da sociedade grega. Para esse estudioso, a pólis privilegiava a discussão e o debate público em meio à ágora, e isso foi fundamental para o surgimento dessa inquietação grega quanto à compreensão dos elementos que organizavam o mundo. Já o historiador Finley (1963) afirma que o surgimento da filosofia no mundo grego se deve, em grande parte, à inexistência de regras e dogmas na religião grega, elemento que teria favorecido o surgimento da discussão acerca do funcionamento do mundo.

2.3.1 Primórdios da filosofia grega

Inicialmente, a filosofia se dedicou à percepção do mundo à sua volta. Com o passar do tempo, os filósofos gregos passaram a demonstrar maior preocupação em compreender também o comportamento humano e, por fim, em entender como se dava a formação do próprio conhecimento.

Um dos primeiros pensadores a se preocupar com essas questões foi **Protágoras**. Esse filósofo estabeleceu as bases para a ideia de relativismo ao apontar que as conclusões às quais chegavam os indivíduos não eram isentas, mas dependiam em parte de suas experiências anteriores. Logo, podemos notar que os gregos estavam preocupados em compreender as mais diversas questões sobre o mundo e as pessoas à sua volta, dedicando-se à busca de teorias que as explicassem (Burnhan et al., 2011).

Ainda que diversos indivíduos tenham se dedicado ao trabalho filosófico, **Sócrates** tradicionalmente é apontado como marco na formação da filosofia. Esse ateniense, que utilizava o método dialético (conhecido como *método socrático*) para ensinar seus seguidores, era enfático ao afirmar que nada sabia. Por meio do questionamento, levava seus interlocutores a rever seus pontos de vista e a reexaminar elementos que tinham como certos.

2.3.2 Sócrates

A influência de Sócrates, comumente apresentado como fundador da filosofia moderna, chegou até nós por meio do registro de seus seguidores – como Platão, discípulo de Sócrates –, uma vez que ele não deixou nenhuma obra escrita. Mesmo assim, foi condenado à morte sob a acusação de corromper os jovens. Mas, afinal, o que existia de tão ameaçador no pensamento socrático para que o governo de Atenas lhe imputasse tal pena?

Sócrates, segundo relatos de Platão, Xenofonte e Aristófanes, era filho de um pedreiro e de uma parteira, casado com Xantipa. De origem humilde, ao dedicar-se ao estudo da filosofia, teve como um de seus objetos de reflexão o estudo da vida e do ser humano. Por meio de seu método questionador, Sócrates negava os preconceitos estabelecidos, colocando como desejo último a busca pelo saber, pelo conhecimento. Certamente, seu método questionador fez com que ele alcançasse inimigos na sociedade ateniense, ao mesmo tempo que era acusado de se preocupar mais em vencer a discussão do que em descobrir a verdade (Burnhan et al., 2011).

Segundo Ghiraldelli (2009), Sócrates não nos legou nenhum escrito, pois acreditava que a filosofia só poderia ser realizada por meio do diálogo de forma a favorecer o raciocínio e a discussão. Esse interesse pelo diálogo e pelo questionamento teria se iniciado em razão de uma previsão do oráculo de Delfos, o qual teria dito que Sócrates era o homem mais sábio de Atenas. Como resposta a essa afirmação, Sócrates teria iniciado seu método de questionar os atenienses, a fim de incentivar a reflexão e o filosofar entre seus pares (Ghiraldelli, 2009).

Para tanto, ele desenvolvia sua argumentação estabelecendo uma pergunta simples para o interlocutor. Com base na resposta obtida, Sócrates desferia outras duas afirmações aparentemente aleatórias com as quais o interlocutor concordasse para, ao fim, demonstrar como a primeira afirmação entrava em conflito com esta última, levando o interlocutor a questionar sua resposta inicial. Esse método embasado na **refutação** (Ghiraldelli, 2009) fez com que Sócrates conseguisse alguns desafetos – fator que pode ter influenciado seu julgamento.

Para Sócrates, a maldade era proveniente da irreflexão, ou seja, as atitudes passíveis de serem criticadas eram resultado da ignorância, motivo pelo qual a busca pelo saber deveria ser o objetivo maior na vida dos indivíduos. Mais do que meramente voltado para a discussão, Sócrates nos deixou um legado relacionado à busca pelo saber e pela reflexão acerca do mundo e, especialmente, sobre as nossas certezas e verdades. Foi ele o responsável final por apontar a configuração humana, seus conflitos e especificidades como objeto principal da filosofia (Finley, 1963).

2.3.3 PLATÃO

Um dos principais propagandistas do pensamento socrático, Platão, além de nos legar as ideias de seu mestre Sócrates, estabeleceu uma linha de pensamento que, para além da Grécia Antiga, influenciou uma grande quantidade de pensadores, como Santo Agostinho, durante o medievo. Logo, o pensamento platônico impactou não apenas o mundo antigo, mas também a formação da doutrina cristã (Burnhan et al., 2011).

Tendo Sócrates como personagem recorrente em sua obra, Platão apresentou reflexões acerca da política e dos pensamentos e ideias de como estes são formados. Ao contrário do que aconteceu com os ensinamentos de seu mestre, a maioria das obras platônicas sobreviveu até a contemporaneidade, o que nos permite compreender melhor sua linha de raciocínio. Ainda que tenha se dedicado a outros temas, uma das passagens mais conhecidas de seu pensamento é a chamada *A alegoria da caverna*.

Nesse texto, é apresentado um diálogo comandado por Sócrates, no qual é discutida a real natureza do conhecimento. Para explicar o processo de compreensão do mundo à sua volta, ele supõe a existência de um grupo de pessoas que, estando trancadas em uma caverna, estão de costas para a entrada. Dessa forma, todo o conhecimento do mundo exterior ocorre, para esses indivíduos, por meio da observação e da análise das sombras do mundo real que são projetadas no interior da caverna. Refinando esse argumento, Platão deu origem à sua teoria sobre o mundo das ideias.

Segundo essa hipótese, todo o conhecimento humano se constrói de maneira semelhante ao que ocorre na caverna. Nosso saber, segundo essa premissa, não se refere à realidade de fato, mas sim às sombras daquilo que corresponderia ao mundo real. Platão afirmava que, para além do nosso mundo, existia um mundo das ideias, no qual estariam resguardadas as formas perfeitas; ou seja, as definições exatas de tudo o que existe no mundo real estariam alocadas no mundo das ideias. Ao mesmo tempo, esse argumento permitia a ideia de uma verdade absoluta, a qual só poderia ser encontrada por meio da educação e da reflexão (Burnhan et al., 2011).

> Sócrates: Agora imagine a nossa natureza, segundo o grau de educação que ela recebeu ou não, de acordo com o quadro que vou fazer. Imagine, pois, homens que vivem em uma morada subterrânea em forma de caverna. A entrada se abre para a luz em toda a largura da fachada. Os homens estão no interior desde a infância, acorrentados pelas pernas e pelo pescoço, de modo que não podem mudar de lugar nem voltar a cabeça para ver algo que não esteja diante deles. A luz lhes vem de um fogo que queima por trás deles, ao longe, no alto. Entre os prisioneiros e o fogo, há um caminho que sobe. Imagine que esse caminho é cortado por um pequeno muro, semelhante ao tapume que os exibidores de marionetes dispõem entre eles e o público, acima do qual manobram as marionetes e apresentam o espetáculo.

Glauco: Entendo.

Sócrates: Então, ao longo desse pequeno muro, imagine homens que carregam todo o tipo de objetos fabricados, ultrapassando a altura do muro; estátuas de homens, figuras de animais, de pedra, madeira ou qualquer outro material. Provavelmente, entre os carregadores que desfilam ao longo do muro, alguns falam, outros se calam.

Glauco: Estranha descrição e estranhos prisioneiros!

Sócrates: Eles são semelhantes a nós. Primeiro, você pensa que, na situação deles, eles tenham visto algo mais do que as sombras de si mesmos e dos vizinhos que o fogo projeta na parede da caverna à sua frente?

Glauco: Como isso seria possível, se durante toda a vida eles estão condenados a ficar com a cabeça imóvel?

Sócrates: Não acontece o mesmo com os objetos que desfilam?

Glauco: É claro.

Sócrates: Então, se eles pudessem conversar, não acha que, nomeando as sombras que veem, pensariam nomear seres reais?

Glauco: Evidentemente.

Sócrates: E se, além disso, houvesse um eco vindo da parede diante deles, quando um dos que passam ao longo do pequeno muro falasse, não acha que eles tomariam essa voz pela da sombra que desfila à sua frente?

Glauco: Sim, por Zeus.

Sócrates: Assim sendo, os homens que estão nessas condições não poderiam considerar nada como verdadeiro, a não ser as sombras dos objetos fabricados.

Glauco: Não poderia ser de outra forma.

Sócrates: Veja agora o que aconteceria se eles fossem libertados de suas correntes e curados de sua desrazão. Tudo não aconteceria naturalmente como vou dizer? Se um desses homens fosse solto, forçado subitamente a levantar-se, a virar a cabeça, a andar, a olhar para o lado da luz, todos esses movimentos o fariam sofrer; ele ficaria ofuscado e não poderia distinguir os objetos, dos quais via apenas as sombras anteriormente. Na sua opinião, o que ele poderia responder se lhe dissessem que, antes, ele só via coisas sem consistência, que agora ele está mais perto da realidade, voltado para objetos mais reais, e que está vendo melhor? O que ele responderia se lhe designassem cada um dos objetos que desfilam, obrigando-o com perguntas, a dizer o que são? Não acha que ele ficaria embaraçado e que as sombras que ele via antes lhe pareceriam mais verdadeiras do que os objetos que lhe mostram agora?

Glauco: Certamente, elas lhe pareceriam mais verdadeiras.

Sócrates: E se o forçassem a olhar para a própria luz, não achas que os olhos lhe doeriam, que ele viraria as costas e voltaria para as coisas que pode olhar e que as consideraria verdadeiramente mais nítidas do que as coisas que lhe mostram?

Glauco: Sem dúvida alguma.

Sócrates: E se o tirarem de lá à força, se o fizessem subir o íngreme caminho montanhoso, se não o largassem até arrastá-lo para a luz do sol, ele não sofreria e se irritaria ao ser assim empurrado para fora? E, chegando à luz, com os olhos ofuscados pelo brilho, não seria capaz de ver nenhum desses objetos, que nós afirmamos agora serem verdadeiros.

Glauco: Ele não poderá vê-los, pelo menos nos primeiros momentos.

Sócrates: É preciso que ele se habitue, para que possa ver as coisas do alto. Primeiro, ele distinguirá mais facilmente as sombras, depois, as imagens dos homens e dos outros objetos refletidas na água, depois os próprios objetos. Em segundo lugar, durante a noite, ele poderá contemplar as constelações e o próprio céu, e voltar o olhar para a luz dos astros e da lua mais facilmente que durante o dia para o sol e para a luz do sol.

Glauco: Sem dúvida.

Sócrates: Finalmente, ele poderá contemplar o sol, não o seu reflexo nas águas ou em outra superfície lisa, mas o próprio sol, no lugar do sol, o sol tal como é.

Glauco: Certamente.

Sócrates: Depois disso, poderá raciocinar a respeito do sol, concluir que é ele que produz as estações e os anos, que governa tudo no mundo visível, e que é, de algum modo, a causa de tudo o que ele e seus companheiros viam na caverna.

Glauco: É indubitável que ele chegará a essa conclusão.

Sócrates: Nesse momento, se ele se lembrar de sua primeira morada, da ciência que ali se possuía e de seus antigos companheiros, não acha que ficaria feliz com a mudança e teria pena deles?

Glauco: Claro que sim.

Sócrates: Quanto às honras e louvores que eles se atribuíam mutuamente outrora, quanto às recompensas concedidas àquele que fosse dotado de uma visão mais aguda para discernir a passagem das sombras na parede e de uma memória mais fiel para se lembrar com exatidão daquelas que precedem certas outras ou que lhes sucedem, as que vêm juntas, e que, por isso mesmo, era o mais hábil para conjeturar a que viria depois, acha que nosso homem teria inveja dele, que as honras e a confiança assim adquiridas entre os companheiros lhe dariam inveja? Ele não pensaria antes, como o herói de Homero, que mais vale "viver como escravo de um lavrador" e suportar qualquer provação do que voltar à visão ilusória da caverna e viver como se vive lá?

Lorena Pantaleão da Silva

Glauco: Concordo com você. Ele aceitaria qualquer provação para não viver como se vive lá.

Sócrates: Reflita ainda nisto: suponha que esse homem volte à caverna e retome o seu antigo lugar. Dessa vez, não seria pelas trevas que ele teria os olhos ofuscados, ao vir diretamente do sol?

Glauco: Naturalmente.

Sócrates: E se ele tivesse que emitir de novo um juízo sobre as sombras e entrar em competição com os prisioneiros que continuaram acorrentados, enquanto sua vista ainda está confusa, seus olhos ainda não se recompuseram, enquanto lhe deram um tempo curto demais para acostumar-se com a escuridão, ele não ficaria ridículo? Os prisioneiros não diriam que, depois de ter ido até o alto, voltou com a vista perdida, que não vale mesmo a pena subir até lá? E se alguém tentasse retirar os seus laços, fazê-los subir, você acredita que, se pudessem agarrá-lo e executá-lo, não o matariam?

Glauco: Sem dúvida alguma, eles o matariam.

Sócrates: E agora, meu caro Glauco, é preciso aplicar exatamente essa alegoria ao que dissemos anteriormente. Devemos assimilar o mundo que apreendemos pela vista à estada na prisão, a luz do fogo que ilumina a caverna à ação do sol. Quanto à subida e à contemplação do que há no alto, considera que se trata da ascensão da alma até o lugar inteligível, e não te enganarás sobre minha esperança, já que desejas conhecê-la. Deus sabe se há alguma possibilidade de que ela seja fundada sobre a verdade. Em todo o caso eis o que me aparece tal como me aparece; nos últimos limites do mundo inteligível aparece-me a idéia do Bem, que se percebe com dificuldade, mas que não se pode ver sem concluir que ela é a causa de tudo o que há de reto e de belo. No mundo visível, ela gera a luz e o senhor da luz, no mundo inteligível ela própria é a soberana que dispensa a verdade e a inteligência. Acrescento que é preciso vê-la se quer comportar-se com sabedoria, seja na vida privada, seja na vida pública.

Glauco: Tanto quanto sou capaz de compreender-te, concordo contigo.

Fonte: Platão, 2000, p. 39-42.

Essa explicação fundamentava, conforme apontam Burnhan et al. (2011), a existência de uma essência de algo que era comum aos objetos, por exemplo: o elemento que nos faz reconhecer os mais diversos tipos de flores na categoria flor. A organização desse pensamento platônico foi estabelecida com a influência da filosofia pitagórica, uma vez que, assim como Pitágoras, Platão buscava compreender a essência das coisas.

Por meio dessa análise, Platão evocou a fragilidade do conhecimento humano, uma vez que este tem como base os sentidos, que são falhos. Assim, Platão postulou que a verdade não é apreendida pelos nossos sentidos, mas apenas por meio do raciocínio e da razão podemos chegar ao conhecimento. Para Platão, o homem era formado de corpo e alma e, enquanto o corpo e os sentidos eram falhos para captar a realidade, nossa alma teria vivido antes do nascimento no mundo das ideias e captado as imagens perfeitas. Assim, segundo o filósofo, por meio da razão acessaríamos esse conhecimento em nossas almas (Burnhan et al., 2011).

2.3.4 ARISTÓTELES

Tendo influenciado de maneira inequívoca a filosofia ocidental, Aristóteles, ainda que seguidor de Platão, acabou por se contrapor ao seu mestre. Oriundo da Macedônia, Aristóteles tornou-se conhecido não apenas por sua obra filosófica, mas também por ter sido preceptor de Alexandre, o Grande (que quase o condenou à morte). Tendo vivido como estrangeiro em Atenas, Aristóteles frequentou a academia de Platão e, com a morte do mestre, retirou-se por um longo período para, no retorno, fundar uma escola rival, o Liceu (Strathern, 1997).

Aristóteles, ao contrário de Platão, acreditava na capacidade humana de perceber o mundo à sua volta por meio dos sentidos. Assim, em vez de propor a formação do conhecimento por meio do acesso ao mundo das ideias, Aristóteles defendia a observação do mundo para a compreensão deste, método conhecido como *empirismo*. O pensador tem uma obra bastante extensa, dedicada aos mais diversos temas. Dentre seus estudos, conforme apontado por Strathern (1997), destacamos a elaboração de um dos primeiros sistemas de classificação do mundo natural, que consiste em uma das bases do pensamento científico contemporâneo. Essa proposta está ligada à busca de Aristóteles por compreender a essência dos objetos, pois, ao categorizar os seres vivos, estaria implícito o processo de definição das características que são comuns a um mesmo grupo, ou seja, a sua essência (Burnhan et al., 2011).

De acordo com Burnhan et al. (2011), prática da classificação aristotélica também perpassa outras áreas do conhecimento, não se restringindo aos objetos do mundo natural. Assim, Aristóteles estabelece classificações para áreas tão distintas quanto a literatura e a política, sendo um exemplo de filósofo grego interessado por todos os aspectos do mundo à sua volta. Quanto à política, descreveu as diferentes formas de Estado e a maneira adequada de se administrar cada um deles.

Considerado o fundador da lógica, Aristóteles dedicou grande parcela de seu tempo ao estudo da ética, cujo objetivo seria o de compreender os motivos da existência humana. Em seu livro *Ética a Nicômano*, o pensador aborda o tema por meio de reflexões a respeito da função do ser humano na Terra.

Ponto central da filosofia aristotélica, a compreensão da função dos objetos e animais é estendida ao ser humano. Assim, para Aristóteles, a busca pela felicidade não poderia ser de outra forma que não pelo desenvolvimento pleno de nossas capacidades. Como filósofo, ele afirmava que o ápice do desenvolvimento estaria relacionado ao uso da razão. Logo, o estudo e a reflexão seriam as funções do ser humano (Strathern, 1997).

Segundo Aristóteles, o indivíduo sábio seria aquele capaz de refletir sobre as ações do cotidiano, de encontrar a medida certa das coisas.

Daí a percepção de que a virtude está no meio, amplamente divulgada como modelo do pensamento aristotélico. Segundo Burnhan et al. (2011), ao tempo em que morreu Aristóteles – falecido no exílio, pois teve que abandonar o liceu[3] –, teve fim a ideia da cidade-Estado grega, tal qual a conhecemos.

2.3.5 Epicuro

Entre os séculos IV a.C. e III a.C., Epicuro apresentou uma linha filosófica voltada para a compreensão do ser humano e seu objetivo: a busca da felicidade. Ao contrário dos filósofos até aqui apresentados, conforme apontado por Burnhan et al. (2011), o ponto central de sua obra tinha como base a ideia de uma ética pessoal.

Ainda segundo esses autores, para Epicuro, a felicidade encontrava-se na libertação do medo e na busca pelos prazeres moderados. Segundo esse filósofo, a ausência de perturbação era o estado desejável e, portanto, deveria ser evitado qualquer elemento que pudesse romper com esse equilíbrio. Para alcançar essa vida livre da dor e obter a tranquilidade necessária à felicidade, era necessário deixar de temer a morte.

Síntese

Ao longo deste capítulo, buscamos apresentar alguns aspectos sobre a sociedade grega que são tradicionalmente apontados como parte de um grande legado grego para o mundo moderno. Essa percepção de que as obras filosóficas, a literatura e os mitos influenciaram o mundo contemporâneo, ainda que simplista, permanece verdadeira.

---

3 Com a ascensão de Alexandre ao poder macedônio, Aristóteles passou a ser perseguido nas cidades gregas.

É praticamente impossível pensar em diversos aspectos da cultura atual sem que – em uma análise mais detalhada – nos voltemos ao mundo grego. Sempre que olhamos um manual de história literária nos deparamos com as obras *Ilíada* e *Odisseia*; caso entremos em contato com uma obra freudiana, vamos esbarrar em apropriações de mitos gregos; e, por fim, como compreender a evolução da filosofia contemporânea sem o contato com o mundo grego? Ao final deste capítulo, esperamos que você seja capaz de reconhecer e problematizar essas influências do mundo grego no dia a dia.

Indicações culturais

Livros

HOMERO. **A Ilíada e a Odisseia**. São Paulo: Ática, 2004.

Obras fundadoras da literatura grega, as narrativas homéricas apresentam-nos os eventos relacionados à Guerra de Troia e ao retorno de Odisseu para sua casa. Além de ser leitura essencial para qualquer estudioso da Grécia Antiga, os poemas épicos de Homero são as principais fontes para a compreensão dos primórdios da Grécia.

GAARDER, J. **O mundo de Sofia**: romance da história da filosofia. São Paulo: Companhia das Letras, 2012.

Esse livro apresenta dados sobre a filosofia mundial, inclusive grega, em meio à narrativa epistolar.

STRATHERN, P. **Aristóteles em 90 minutos**. Rio de Janeiro: J. Zahar, 1997.

____. **Sócrates em 90 minutos**. Rio de Janeiro: J. Zahar, 1997.

____. **Platão em 90 minutos**. Rio de Janeiro: J. Zahar, 1997.

As diversas obras dessa coleção têm o mérito de possibilitar ao leitor o primeiro contato com os filósofos gregos, apresentando a vida e a obra desses pensadores de maneira simples e direta, inserindo-os no contexto em que viveram.

FRANCHINI, A. S.; SEGANFREDO, C. **As 100 melhores histórias da mitologia**: deuses, heróis, monstros e guerras da tradição greco-romana. Porto Alegre: L&PM, 2007.

Nessa coletânea, encontram-se, de maneira resumida e acessível, as principais narrativas da mitologia greco-romana, leituras essenciais para aqueles que desejam compreender melhor a mentalidade clássica.

Site
THE BRITISH MUSEUM. **Ancient Greece**. Disponível em: <http://www.ancientgreece.co.uk/>. Acesso em: 2 fev. 2017.

Página do British Museum, de Londres, que conta com diversos dados sobre a arte e a história gregas.

Atividades de autoavaliação

1. Assinale V nas afirmações verdadeiras e F nas falsas.
   Em seguida, assinale a alternativa que apresenta a sequência correta:
   ( ) A religião grega era politeísta.
   ( ) Os gregos acreditavam que os templos eram a moradia dos deuses.
   ( ) A religião não era associada à vida política da cidade.
   ( ) A religião influenciou a produção artística grega.

a) V, V, F, V.
b) V, V, F, V.
c) F, F, V, F.
d) F, V, V, V.

2. Sobre a arte grega, assinale a alternativa **incorreta**:
   a) Tinha na pintura cerâmica um de seus principais expedientes.
   b) Foi influenciada pela arte oriental, em especial a egípcia.
   c) Estava presa a rígidos cânones.
   d) Não retratava imagens do cotidiano.

3. Sobre Aristóteles, assinale a alternativa **incorreta**:
   a) Foi tutor de Alexandre, o Grande.
   b) Teve nos estudos sobre a ética um dos principais temas de sua obra.
   c) Não se interessava pela organização política da cidade.
   d) Acreditava nas evidências captadas pelos sentidos.

4. Sobre Platão, assinale a alternativa **correta**:
   a) Podemos confiar nas referências captadas pelos nossos sentidos.
   b) Foi discípulo de Aristóteles.
   c) Defendia a inexistência do mundo das ideias.
   d) Dedicou-se ao estudo da matemática, que considerava a mais importante das artes.

5. Sobre o pensamento socrático, assinale a alternativa **incorreta**:
   a) Sócrates afirmava que sua única certeza era nada saber.
   b) Sua argumentação baseava-se no modelo dialético.

c) Defendia que o pensamento lógico e a reflexão eram os objetivos de estarmos vivos.

d) Acreditava em categorias absolutas, como bom e mau. Não há espaço para o questionamento.

Atividades de aprendizagem

Questões para reflexão

1. Quais características da arte grega você é capaz de perceber no mundo contemporâneo? Em sua cidade existem obras de arte ou arquitetônicas com influência neoclássica? Liste os exemplos e justifique suas escolhas.

2. Quais elementos do pensamento dos filósofos gregos você considera presentes em sua realidade? De que forma a filosofia grega pode contribuir para a reflexão crítica do mundo contemporâneo?

Atividades aplicadas: prática

1. Realize uma pesquisa sobre os filósofos gregos e, com base nela, elabore um quadro comparativo com os principais aspectos da filosofia de Platão, Sócrates e Aristóteles. Localize-os temporal e espacialmente, cite os temas que cada um dos filósofos aborda, bem como as principais obras e teorias desenvolvidas por eles.

2. Realize uma pesquisa sobre a mitologia de Zeus, Hera e Dionísio e, em seguida, elabore um texto definindo as principais características de cada um desses deuses.

3. Leia a obra *Ética a Nicômano*, de Aristóteles, e elabore um texto refletindo sobre a principal motivação para a vida humana segundo esse pensador.

Lorena Pantaleão da Silva

Capítulo 3
Aspectos políticos e sociais da Roma Antiga

Ao longo deste capítulo, vamos discutir brevemente os dados centrais sobre a história política e social de Roma. Apresentaremos as principais características de cada um dos momentos da história romana: monarquia, república e império. Quais motivos nos levam ao estudo da história romana? Talvez a resposta mais simples para esse questionamento seja que, mesmo após dois milênios, a presença da Roma Antiga ainda é extremamente evidente no mundo atual. Até para os olhares destreinados, é possível perceber a influência que os romanos têm em nossa sociedade. Podemos mencionar influências mais óbvias, como a língua portuguesa – que tem origem no latim –, o sistema jurídico e até hábitos cotidianos (o reconhecimento da figa[1] como símbolo de sorte, por exemplo).

A presença constante de referências à Roma Antiga em filmes, séries e mesmo *games* mostra-nos como existe um interesse real das pessoas em conhecer mais sobre essa civilização que, por um longo período, formou um dos impérios mais poderosos da Terra.

Certamente, diferentes pessoas apresentarão interesses variados ao estudar o passado romano. Alguns se interessam mais pelas características relacionadas ao âmbito político e militar – como era a organização do senado e das magistraturas, como se deu o processo de transição da república para o império, ou ainda, quais as características do exército e como ele foi capaz de conquistar um imenso território. Outros buscam entender como se dava a organização do império, como eles foram capazes de criar sistemas de abastecimento para tamanha extensão territorial. Por fim, alguns

---

1 O hábito de associar a mão em forma de figa à boa sorte, o qual perdura até os dias atuais, é uma referência a um costume romano. A figa era um símbolo de fertilidade e vários pequenos pingentes com este formato foram encontrados em escavações arqueológicas, em especial na cidade de Pompeia (Funari, 2005).

Lorena Pantaleão da Silva

terão maior interesse em compreender como se dava a organização da sociedade no mundo romano. Por exemplo, como se organizavam os diferentes grupos sociais com suas múltiplas características (as quais, muitas vezes, se sobrepunham: livres ou escravos, homens ou mulheres, cidadãos ou não, ricos ou pobres, entre outras possibilidades de classificação)? Como eles conviviam? Certamente, em todos nós, existe ainda o interesse em conhecer a rotina desses romanos, bem como seus interesses e paixões.

Para facilitar o estudo dessa civilização, dividimos a temática em dois capítulos, de maneira semelhante ao que fizemos com o mundo grego. Este será dedicado à história política e social, enquanto o subsequente irá abordar questões relacionadas à sociedade e à cultura romanas.

Para tornar possível essa aproximação, os estudiosos do mundo romano contam com grande quantidade de fontes – obras filosóficas e literárias – e uma grande quantidade de vestígios arqueológicos, os quais continuam sendo encontrados em diferentes regiões que, um dia, fizeram parte do império romano.

No que se refere ao mundo latino, didaticamente, a história de Roma é tradicionalmente dividida segundo uma cronologia baseada em rupturas relacionadas à esfera política (uma vez que seus elementos balizadores são o fim da monarquia, o início e a queda do império). Assim, sua divisão se dá em: **período arcaico** – do surgimento de Roma até o final da monarquia (753 a.C.[2]-509 a.C.); **período republicano** (509 a.C.-27 a.C.); e **período imperial** (27 a.C.-476 d.C.).

---

2   *A data de fundação de Roma como 753 a.c., estabelecida posteriormente, não se trata do ano exato, mas sim de ano que os romanos aceitavam como o marco de fundação da cidade.*

(3.1)
Período arcaico

A mitologia referente à fundação da cidade de Roma afirma que, após o final da Guerra de Troia, alguns sobreviventes – entre eles Enéas, príncipe troiano – teriam conseguido fugir com vida e chegado até a Península Itálica, onde se fixaram e fundaram a cidade de Alba Longa. Segundo a lenda, Rômulo e Remo (os gêmeos fundadores de Roma) seriam descendentes desses heróis troianos. A disputa pelo trono da cidade de Alba Longa fez com que a filha do rei fosse transformada em uma vestal (sacerdotisas que deveriam se manter virgens) para não gerar herdeiros e que seus irmãos fossem assassinados, acabando com a linha sucessória da família. No entanto, segundo a lenda, Reia Sílvia engravidou e deu origem aos gêmeos, que seriam filhos de Marte, o deus da guerra.

Assim, ainda bebês, os irmãos foram vítimas de nova conspiração pelo trono e acabaram sendo jogados no Rio Tibre. Protegidos pelos deuses, os bebês foram favorecidos e conseguiram escapar da morte certa; sendo amamentados por uma loba, não morreram de fome, permitindo que fossem encontrados por um camponês, que os criou.

Já adultos, Rômulo e Remo descobriram sua origem real e, num ímpeto de vingança, depuseram o usurpador do trono, devolvendo-o ao seu avô. Apenas após vingarem seu passado, os gêmeos fundaram uma nova cidade.

Ao discutirem sobre quem seria o rei da cidade, entraram em conflito, e Rômulo matou seu irmão, tornando-se o primeiro rei de Roma (cujo nome teria sido dado em sua homenagem).

Ao analisarmos a história de Rômulo e Remo, devemos considerar que se trata de mitologia. No entanto, por ser o mito de criação de uma cidade, tal história merece uma apreciação especial. Inicialmente, ressaltamos que, por meio dessa lenda, os romanos desejavam se identificar como herdeiros da tradição grega, uma vez que associam o mito fundador de sua cidade à hélade.

Ultrapassando esse interesse inicial em se ligar ao passado grego, conforme apontado por Funari (2002) e Garraffoni (2006), é importante notar as **referências mitológicas** presentes no texto. Enéas era, segundo a mitologia, filho de Vênus, deusa do amor, ao mesmo tempo que sua descendente, Reia Silva, afirma ter engravidado do deus Marte. Logo, segundo o mito fundador da cidade, os romanos seriam descentes diretos dos deuses e, principalmente, filhos de Marte, o deus da guerra. Além disso, é relevante que eles tenham sido salvos por um camponês.

> Nesse caso, podemos afirmar que, na alegoria do surgimento de Roma, identificamos alguns dos valores que marcarão a sociedade romana: o apreço pela guerra e a valorização do trabalho na terra.

Os patrícios romanos eram reconhecidos como descendentes das primeiras famílias a chegar na região. Esse grupo da sociedade romana se estabeleceu e garantiu sua posição social por meio de vínculos de parentesco, garantidos pelos casamentos arranjados entre as famílias.

Ainda que essa lenda fosse aceita pelos romanos para explicar as origens da cidade, atualmente sabemos que, a princípio, Roma surgiu na região do Lácio, no centro da Península Itálica, nas proximidades do Rio Tibre. Essa região era inicialmente composta de aldeias de camponeses e pastores, onde, eventualmente, teve início um governo monárquico (Florenzano, 1982). Temos poucas informações sobre o período arcaico, pois, em sua maioria, os dados são provenientes de textos escritos posteriormente aos fatos ou de vestígios arqueológicos.

Sobre o governo desse período, sabemos que se tratava de um regime monárquico, sendo que a tradição romana cita a existência de sete reis durante o período, dentre os quais os quatro primeiros (Rômulo, Numa Pompílio, Tulo Hostílio e Ango Márcio) teriam origem indefinida, e os três últimos (Tarquínio Prisco, Sérvio Tulio e Tarquínio, o soberbo) eram de origem etrusca.

Ainda que tenhamos poucas informações sobre o período monárquico, sabemos que foi marcado pela formação da comunidade política, que se deu pela divisão da população e pela formação da aristocracia romana (Funari, 2005). Assim, foi no período monárquico que se estabeleceram as estruturas que reservaram o poder político aos patriarcas das famílias patrícias – e esse poder perdurou por longo tempo na história de Roma.

Florenzano (1982) explica que os **patrícios romanos** eram reconhecidos como descendentes das primeiras famílias a chegar na região. Para Funari (2005), esse grupo da sociedade romana se estabeleceu e garantiu sua posição social por meio de vínculos de parentesco, garantidos pelos casamentos arranjados entre as famílias. Dessa maneira, afirmavam ser descendentes de ancestrais comuns, fator que legitimaria sua posição privilegiada na decisão dos rumos tomados pela cidade.

Esse grupo tão peculiar formava a instituição que é uma das grandes marcas da história romana: o senado. Instituição que perdura toda a narrativa de Roma, o *senatus* (do latim, palavra que está associada a *senex*, idoso, ou seja, o grupo de patrícios mais velhos e experientes) era formado pelos indivíduos que deveriam auxiliar o rei na condução da cidade.

Entre as obras realizadas pelos reis romanos, destacamos a construção da primeira muralha no entorno dos limites de Roma, realizada por Sérvio Túlio. O período monárquico chegou ao fim com a deposição de Tarquínio, em 509 a.C., pelos membros das famílias mais poderosas de Roma em razão de sua resistência em dialogar com o senado romano. Assim, da contenda entre os governantes de Roma resultou a deposição de Tarquínio e a estruturação do senado como estrutura basal da organização política romana, dando início à república romana.

(3.2) PERÍODO REPUBLICANO

Ao longo do período republicano, podemos observar a formação da sociedade romana baseada na divisão entre patrícios e plebeus. Nesse sentido, conforme é apresentado por Funari (2005), a organização da sociedade romana pode ser compreendida, em partes, pela influência que esta sofreu dos etruscos. Dentre os diversos povos que viviam na Península Itálica e que, de alguma forma, influenciaram os romanos, os etruscos destacaram-se por serem responsáveis pelas estruturas que moldariam a organização da sociedade romana nas categorias de patrícios e plebeus (Funari, 2005). Para além desses dois grupos, existiam os clientes e os escravos, os quais, conjuntamente aos patrícios e plebeus, formavam uma complexa rede de relações sociais que sofreu várias modificações ao longo do período republicano e imperial.

Conforme apresentado por Funari (2005), em seu estudo sobre a cidadania em Roma, os patrícios eram identificados por meio de algumas características, como os antepassados comuns e a posse de terras – elementos que lhes garantiam a exclusividade no acesso aos cargos públicos e religiosos. Uma vez que o pertencimento a esse grupo se dava apenas por meio dos laços de sangue, podemos compreender que os demais grupos da sociedade se sentiam excluídos. Tal fato é de extrema relevância, especialmente se considerarmos que os patrícios controlavam todas as magistraturas e mesmo o senado até meados do período republicano.

Tendo definido os patrícios e as características que lhes diferenciavam do restante da população, de acordo com Funari (2005), os **plebeus** eram os cidadãos que não faziam parte da elite patrícia (e que, portanto, não tinham os mesmos direitos políticos), formando, assim, um grupo bem mais heterogêneo (incluindo ricos e pobres, pessoas que viviam no mundo urbano e agrícola).

Funari (2005) destaca a existência de outros dois grupos relevantes para compreendermos a sociedade romana: os clientes e os escravos. Os **clientes** eram pessoas que deviam fidelidade aos patrícios e os auxiliavam a defender seus interesses em troca de favores e proteção; os **escravos**, por sua vez, eram reconhecidos como propriedade alheia, exercendo os mais diversos trabalhos (tema ao qual retornaremos posteriormente).

Funari (2005) afirma que o período republicano é marcado pelo conflito entre patrícios e plebeus. Essas contendas entre os grupos se devem, em especial, ao fato de alguns plebeus alcançarem êxito econômico ao longo do período republicano (em especial aqueles que habitavam as áreas urbanas) sem que isso fosse transformado em maior representatividade política.

Sobre a organização da república, cabe ressaltar que, para além dos cargos de cônsules (sempre em duplas, eleitos entre seus pares para presidir o senado), os patrícios controlavam também as demais magistraturas, como os *edis* (responsáveis pela organização e abastecimento das cidades), os *censores* (responsáveis pelo censo e pela classificação da população), os *pretores* (responsáveis pela justiça romana) e os *questores* (responsáveis pelas finanças). Da mesma forma, considerando que a religião romana era bastante ligada à esfera pública, eles acabavam por concentrar também diversos cargos da esfera religiosa (Funari, 2002).

Ao mesmo tempo que os plebeus citadinos demandavam maior representatividade, Funari (2005) destaca que os plebeus que trabalhavam no campo também estavam insatisfeitos, pois, trabalhando como pequenos proprietários rurais, eles desejavam o fim de uma prática antiga: a escravidão por dívidas.

Ainda segundo Funari (2005), esse procedimento permitia a escravização do plebeu que não conseguisse arcar com as dívidas contraídas com proprietários de terras mais abastados. Uma questão central nesse processo é que, embora participassem das guerras de conquista, que tiveram início durante o período republicano, os plebeus não tinham acesso às terras conquistadas, nem mesmo ao espólio proveniente das guerras.

Nesse sentido, conforme é apontado por Funari (2003), o aumento das expedições militares durante o período republicano implicou diretamente no crescimento da dependência do exército romano em relação à participação plebeia em suas fileiras. Essa situação se tornou um importante elemento de negociação para os plebeus.

Por meio desses choques com os patrícios, Funari (2005) aponta, dentre os avanços que os plebeus alcançaram durante o período republicano, a criação do cargo de tribuno da plebe, o qual poderia vetar as decisões do senado romano. Ao longo do tempo, outras conquistas plebeias foram o fim do direito consuetudinário e a criação da Lei das Doze Tábuas – uma compilação de leis por escrito (a qual dificultaria a manipulação das leis pelos patrícios em detrimento dos plebeus) –, bem como a autorização para a realização de casamentos entre plebeus e patrícios, em 445 a.C., algo até então proibido. Para além desses elementos, Funari (2005) destaca ainda a classificação das pessoas pelas posses, metodologia adotada em meados do período republicano, a qual favorecia enormemente os plebeus ricos que, posteriormente, passaram a ocupar alguns cargos no governo.

Nesse sentido, dentre as medidas que favorecem os plebeus, cabe citar a reforma na lei que previa a distribuição do *ager publicus*, ou seja, das terras públicas conquistadas, e o fim da escravidão por dívidas (326 a.c.), reformas que se caracterizaram como marcos na mudança de perspectiva na vida dos plebeus. Finalmente, o acesso irrestrito aos cargos públicos, garantido em 300 a.c., e a incorporação dos plebeus ricos à elite, durante o século III a.c., terminaram de alterar a relação entre patrícios e plebeus durante o período republicano. Para Funari (2005), esse processo teria deslocado o conflito no interior da sociedade romana.

Os conflitos que já estavam latentes na sociedade romana tornaram-se ainda mais visíveis com o processo de expansão territorial, o qual, conforme apontado, dependia da presença plebeia no exército para ser bem-sucedido.

Os grandes conflitos sociais deslocaram-se do choque entre patrícios e plebeus para os confrontos entre dominantes e subalternos, romanos e não romanos, aliados, senhores e escravos. De uma forma ou de outra, a questão da cidadania sempre esteve em jogo nesses embates, pois mesmo os escravos, por meio da alforria, passavam a fazer parte do corpo cidadão e a lutar por direitos. (Funari, 2005, p. 55)

Esse processo de conquistas territoriais caracterizou-se como uma das partes da história de Roma que mais chama a atenção dos estudiosos desde o século XIX.

Conforme Funari (2005), a grandiosidade de Roma no apogeu do império é caracterizada pelo controle de uma região que se estendia por todo o território europeu, norte da África e pela Ásia menor, contornando todo o mediterrâneo – ou, como eles o denominavam, *mare nostrum* (nosso mar). Essa grandiosidade impressiona não só pelo tamanho, mas também pela engenhosidade – inclusive no processo de conquista desses territórios, que se deu durante o período republicano.

> O controle das terras conquistadas era realizado por redes de comércio e distribuição e demandava uma estrutura política e militar impressionante (especialmente quando consideramos os recursos tecnológicos restritos do período, no que diz respeito à comunicação, por exemplo). Toda essa capacidade de controle deixa claro por que o domínio dessas regiões era motivo de orgulho para os romanos (Garrafoni, 2006; Guarinello, 1987).

Esse território, que era motivo de soberba entre os romanos, foi estabelecido por meio das guerras de conquista realizadas no período republicano, conforme é apontado por Garraffoni (2006) em seu estudo sobre as Guerras Púnicas. Assim, ainda que tal demanda por territórios tenha se mantido durante o período imperial, foi ao longo da república que observamos, de maneira mais expressiva, a expansão do território.

As primeiras excursões militares romanas datam dos séculos IV a.C. e III a.C., momento de início do processo de conquista da Península Itálica. Após a conquista da península, os romanos lançaram-se em busca da hegemonia sobre a Ilha da Sicília e, posteriormente, à cidade de Cartago, dando origem às Guerras Púnicas.

No que se refere aos vestígios que nos permitem estudar esse período, conforme é destacado por Garraffoni (2006), as principais fontes da narrativa são as obras de dois autores romanos (já que os vestígios dos cartagineses são praticamente nulos): as obras de Políbio e de Tito Lívio, sendo que o relato deste último é bastante posterior aos fatos e extremamente moralizador.

A autora ressalta que esse é um marco da história de Roma, não apenas pelas terras conquistadas e pelo avanço considerável observado no exército romano no período, mas porque as estratégias militares utilizadas ao longo do conflito e o aprimoramento das técnicas romanas de combate são extraordinários, sendo motivo de estudo militar até hoje.

Assim, as Guerras Púnicas são excepcionais por sua narrativa, que pode gerar alguma incredulidade ao leitor contemporâneo por causa do número de vidas envolvidas e, especialmente, das potências que se confrontaram no processo. De um lado, temos Roma em meio a uma política expansionista, enquanto do outro lado do Mediterrâneo encontra-se Cartago, uma das cidades mais ricas da região, graças à extensa rede comercial desenvolvida com diversos povos.

Garraffoni (2006) destaca que, além de sua habilidade com o comércio, Cartago era conhecida por estar localizada em uma região de difícil acesso, bem como por contar com uma grande muralha protetora e táticas de guerra diferenciadas. Entre essas estratégias incluíam-se a utilização de tropas formadas por estrangeiros, a posse de um grande poderio naval (decorrente da familiaridade com o mar devido ao comércio e da herança fenícia) e o uso de elefantes. Considerando essas particularidades e o fato de o exército romano ter maior experiência em batalhas terrestres, fica claro que, conforme é apontado Garraffoni (2006), esse foi um momento ímpar no processo de formatação de novas táticas e refinamento da organização do exército romano.

Os conflitos com esse adversário tão relevante perduraram ao longo dos séculos III a.C. e II a.C. e são tradicionalmente divididos em três momentos distintos. A primeira guerra púnica é marcada pelo enfrentamento das potências em mar aberto. Destaca-se o fato de os romanos serem extremamente inexperientes no conflito marítimo; Cartago, por outro lado, contava com uma grande frota marítima (Garrafoni, 2006).

No trecho citado a seguir, observa-se a engenhosidade dos romanos, os quais foram capazes de aprimorar sua frota e adaptar os conflitos marítimos de maneira a torná-los tão semelhantes ao terrestre quanto fosse possível:

> os navios construídos pelos romanos foram inspirados em navios púnicos antes capturados. Construíram barcos chamados quinquerremes, isto é, cada banco de remo era movido por cinco homens, que não necessariamente precisavam conhecer as técnicas de navegação. Esse tipo de navio foi a grande arma tática usada pelos romanos: como seus oponentes eram reconhecidos pela sua habilidade em mar, os romanos optaram por construir grandes navios que podiam carregar cerca de trezentos homens para o combate corpo a corpo, transformando os encontros marinhos em embates tão semelhantes quanto possível às batalhas terrestres.
>
> Como? Os romanos atrelaram a seus navios rampas atadas aos mastros por cordas, [...] [então] quando se aproximavam do navio inimigo poderiam içá-las para invadir a proa alheia. Como havia um gancho na ponta das rampas para prender no navio inimigo, esse tipo de técnica foi chamada de **corvus**, uma vez que o gancho se assemelhava ao bico de uma ave. Assim, invadiam o navio inimigo, usavam da força do seu exército no combate entre homens e não precisavam treinar muitos marinheiros para movimentar os navios. (Garraffoni, 2006, p. 59, grifo do original)

Com essas inovações, Roma conseguiu alcançar a vitória na primeira guerra púnica e passou, assim, a dominar a região da Sicília.

Após a primeira guerra púnica, os cartagineses conquistaram novos territórios na região da Hispânia, aumentando a tensão já existente com os romanos, os quais consideravam que o processo de conquista cartaginês desrespeitava os acordos selados ao fim do primeiro conflito (Garraffoni, 2006). Assim, com o interesse romano em confrontar a influência expressiva dos cartagineses na Península Ibérica, teve início a segunda guerra púnica, a qual também foi marcada pelo desenvolvimento de estratégias militares ímpares, dessa vez por parte do general púnico Aníbal.

Mostrando-se bastante convencido de sua superioridade militar, ao longo da segunda guerra púnica Aníbal invadiu a Península Itálica. Durante o processo de dominação das cidades pelas quais ele passou, o cartaginês incentivou levantes dos povos conquistados pelos romanos, angariando assim diversos aliados. Com esse apoio, conseguiu infligir derrotas expressivas ao exército romano. No entanto, suas habilidades militares não foram suficientes para deter o exército romano – especialmente porque a guerra se desenvolvia em diversas frentes de batalha, sendo que os romanos venceram na Hispânia e no norte da África. Essas derrotas acabaram por obrigar os cartagineses a reconhecerem sua derrota e a aceitarem um acordo que continha pesadas retaliações por parte dos romanos (Garraffoni, 2006).

Nesse sentido, conforme apontado no artigo de Garraffoni (2006), apesar de derrotada e obrigada a arcar com as penalidades impostas pelos romanos, Cartago era temido por sua capacidade estratégica de restabelecer sua economia em pouco tempo.

Essa preocupação com a recuperação de Cartago fez com que Catão, em visita ao norte da África, alertasse os romanos do risco que a cidade ainda representava, convencendo-os da necessidade de destruí-la. Para justificar a invasão a Cartago, os romanos utilizaram um conflito local dos púnicos com uma cidade vizinha. Dessa forma, partindo do pressuposto de que Cartago estava impedida de pegar em armas novamente, o exército romano interveio duramente e, após um cerco de mais de três anos, em 146 a.C. derrotou Cartago (Garraffoni, 2006).

Dessa maneira, para além dos dados sobre o conflito em si, é importante ressaltar que, conforme apontado por Garraffoni (2006), o conflito com os cartagineses fez com que os romanos estabelecessem uma crescente **profissionalização do exército**, buscassem novas rotas e métodos de abastecimento, e remodelassem sua estrutura administrativa para incluir novos governantes das províncias na estrutura governamental. As Guerras Púnicas foram responsáveis, ainda, pela ampliação de maneira expressiva, do território e, ao final, pelo domínio efetivo do Mar Mediterrâneo. Posteriormente à vitória nas Guerras Púnicas, ocorreu a expansão para as regiões da Península Balcânica, da Ásia menor, da Síria, da Gália e, finalmente, do Egito – expansão que somente foi possível com o aprimoramento do exército estabelecido durante o conflito com os cartagineses.

Cabe ressaltar que, conforme nos é apresentado por Christopher Kelly (2006) em *The Roman Empire*, ainda que essas conquistas tenham ocorrido durante o período republicano, o sistema político era elaborado de maneira a favorecer a eleição de grupos específicos. Ou seja, uma elite detinha o poder político de fato, pois as regras das eleições e a necessidade de recursos para se candidatar favoreciam os mais ricos, que dividiam entre si o controle da república, ocupando majoritariamente o senado e, por conseguinte, os cargos de cônsules.

Essa prevalência dos interesses da elite é bastante relevante, especialmente lembrando – conforme destaca Guarinello (1987) – que as conquistas romanas foram um processo de longo prazo, isto é, durante todo o período republicano, Roma esteve em estado constante de guerra. Dessa forma, esse processo de expansão demandou "uma mobilização popular sem precedentes na história das cidades antigas, tanto na frequência do chamado às armas quanto na duração dos períodos de mobilização, que aos poucos foram se ampliando quando as conquistas se tornaram mais difíceis e distantes" (Guarinello, 1987, p. 39).

Ou seja, cada vez mais a prática expansionista e os esforços de guerra tornaram-se um elemento central na organização da política romana. Além de se tornar o cerne dos interesses de Roma, o processo expansionista que se iniciou com as Guerras Púnicas tinha algumas particularidades. Entre as especificidades da expansão está a diferença de *status* legada aos territórios anexados. Enquanto os primeiros locais de conquista – os territórios da Península Itálica – foram agregados como parte do Estado romano, as demais áreas conquistadas foram organizadas como províncias. Estas eram geridas por Roma e obrigadas a pagar tributos, sem que sua população gozasse do título de cidadãos (exceção feita a alguns membros das elites locais que poderiam receber o título em troca de seu apoio e lealdade a Roma) (Funari, 2005).

Considerando esse aspecto, Guarinello (1987) destaca as mudanças que ocorreram na economia romana ao longo de sua história, sendo que, inicialmente, se tratava de uma economia agrária e, após a segunda guerra púnica, passou a ser baseada no trabalho escravo, com fundo mercantil. É uma característica importante desse período a **integração econômica das regiões subjugadas à esfera romana**.

O início do imperialismo romano, de acordo com Guarinello (1987), ocorreu devido à busca por terras férteis. Quando a população dos territórios anexados se submetia ao império romano, ela era aceita como parte da população de Roma. Caso a conquista tivesse ocorrido de maneira que o povo tivesse se rebelado, parte das terras eram transformadas em *ager publicus*, ou seja, terras públicas de propriedade de Roma, as quais eram distribuídas posteriormente entre os cidadãos romanos. No entanto, em sua maioria essas terras eram cedidas, desde que se pagasse um grupo de taxas para Roma. Assim, os territórios conquistados passaram a ser cultivados pelos escravos (presentes em número cada vez maior no império) sob o comando (e de acordo com os interesses) dos aristocratas (Guarinello, 1987).

Desse modo, para que compreendamos esse processo, devemos ter em mente que a questão da terra era fundamental para os envolvidos. Em particular, as disputas entre patrícios e plebeus definiram esse momento da história romana, uma vez que, mesmo com a instituição das assembleias plebeias, o senado tinha uma importância ímpar na política romana e era controlado pelos patrícios (Guarinello, 1987). Dessa maneira, a estrutura política favorecia que as decisões relativas à guerra e à paz ficassem concentradas nas mãos da elite. Esse processo pode ser resumido na seguinte explicação:

> A aristocracia fundiária tinha na expansão uma forma de ampliar seu próprio poder, adquirindo glória e prestígio militar, estabelecendo alianças com as aristocracias dos Estados aliados, fortalecendo o exército com os contingentes provindos destes últimos. [...] a participação no exército oferecia a oportunidade de adquirir presas de guerra, em especial gado e outros bens móveis. (Guarinello, 1987, p. 56-57)

Entretanto, essas conquistas acabaram resultando em reflexos que abalaram as estruturas sociais romanas, especialmente em razão da transição do modo de produção camponês, que tinha como base a agricultura familiar de pequena propriedade, para a produção baseada no trabalho escravo. Assim, de acordo com Guarinello (1987), entre as alterações observadas, uma das mais significativas foi a diminuição da expressividade política do pequeno proprietário de terras, bem como o aumento das cidades e da população urbana. Dessa forma, enquanto tributos e riquezas eram enviados de regiões distantes, o número e a demanda de escravos aumentava, fazendo com que, cada vez mais, Roma ficasse dependente desse processo expansionista para a manutenção de sua economia.

Tais mudanças e, principalmente, a depreciação da situação dos pequenos proprietários de terra (Guarinello, 1987) fizeram com que ocorresse um acirramento das tensões sociais já existentes. Nesse cenário surgiram as **propostas de reforma dos irmãos Graco**. Membros de família nobre, porém de origem plebeia, os Graco defenderam a reorganização da distribuição das terras entre a plebe romana. Tais projetos tinham como intuito, segundo Funari (2005), evitar os conflitos advindos da disputa pela posse de terra e também fortalecer os camponeses cidadãos, os quais eram parte essencial do exército romano.

Ainda que tivesse como principal razão fomentadora a solução de questões que ameaçavam as estruturas sociais romanas, o processo iniciado por Tibério Graco não obteve sucesso. Como resultado, Tibério acabou sendo assassinado antes de conseguir instaurar a reforma agrária em Roma. Em grande parte, conforme Funari (2005), isso ocorreu porque seu projeto desagradava a elite política, a qual era formada pelos grandes detentores de terra, que certamente não desejavam perder seus privilégios.

Após a morte de Tibério, seu irmão, Caio, elaborou um novo projeto, mais abrangente, que incluía pautas como a distribuição de alimentos e a reforma judiciária. Caio, porém, teve o cuidado de restringir o acesso à terra de políticos proeminentes, a fim de evitar o conflito direto com membros importantes da elite romana. No entanto, mesmo com esses cuidados, Caio teve o mesmo destino de seu irmão: sofreu forte oposição e acabou morto, juntamente a seus apoiadores (Funari, 2005).

Mesmo sem que as reformas propostas pelos irmãos Graco fossem aprovadas, Funari (2005) destaca que, ao final do período republicano, é possível observar uma **maior prevalência de direitos dos grupos** populares em Roma, destacando-se a implantação do voto secreto, o que já seria um avanço para os direitos dos plebeus.

Também como consequência das guerras expansionistas podemos apontar o fortalecimento de alguns personagens militares. Conforme é destacado por Kelly (2006), os cônsules eram eleitos anualmente, em parte para evitar que o poder se concentrasse durante longos períodos na mão de um único indivíduo e, notadamente, para evitar que ele ficasse muito tempo nas mãos dos generais do exército romano.

Segundo Kelly (2006), essas medidas preventivas se davam porque, em especial após a derrota de Aníbal, o exército romano crescia vertiginosamente, tanto em número de membros quanto em influência na sociedade e na economia romanas. Nesse sentido, cabe lembrar que, ao longo desse período, a ideia de uma moral romana fundada na participação dos membros da sociedade no esforço militar ganhou força. Foi devido ao esforço militar que Roma passou a obter uma série de vitórias que resultaram em riquezas e escravos. Porém, uma das consequências desse processo foi o fato de que essa popularidade do exército – o qual contava, nesse momento, com soldados experientes e disciplinados e com recursos disponibilizados pelo governo romano – acabou por ser transferida para alguns comandantes das tropas.

Assim, ao final do período republicano, observa-se uma nova atitude entre os generais do exército, os quais se recusaram a abandonar suas tropas e aposentar-se. Pelo contrário, cada vez mais famosos por suas conquistas, eles se aproveitaram do sucesso adquirido ao longo das campanhas e da lealdade de suas tropas para continuar atuando militar e politicamente (Kelly, 2006).

Dentre os generais romanos, destaca-se um nome. Sendo parte do triunvirato que governava Roma, **César**, após conquistar a Gália, em vez de se retirar do cenário político, tal como era esperado, extrapolou sua área de atuação e, cruzando o Rubicão, marchou para Roma, da qual tomou o poder. Proclamando-se ditador, César realizou diversas reformas políticas e econômicas, as quais contrariavam o senado. Essa confrontação por parte do general desagradou profundamente os membros do senado romano que, ao perceberem que estavam perdendo poder político, acabaram por assassinar César (Kelly, 2006), dando origem à cena amplamente divulgada de César traído e esfaqueado nas escadarias do senado romano.

No entanto, em vez de um retorno às estruturas senatoriais, as já abaladas composições da república romana, com a morte de César, acabaram por demandar a formação de um segundo triunvirato, o qual tinha, entre seus membros, militares leais a César.

Essa estrutura, baseada na divisão do poder entre os três membros do triunvirato e o senado romano, não foi capaz de apaziguar o cenário político. Cinco anos após a morte de César, ocorreram conflitos entre dois dos triúnviros, antigos generais de César: **Otávio** e **Marco Antônio**. Quando o segundo se deslocou para o Egito (tendo em vista que se tratava de um território visado e fonte de riquezas e que lhe daria vantagem frente ao adversário), Otávio conseguiu derrotá-lo, recebendo o título de *princeps* (primeiro entre os seus, primeiro entre os pares) e *imperator* (supremo) do senado e se autodenominando *augustus* (divino). Tais títulos serviram para reforçar o poder de Otávio Augusto que, a partir de então, governou Roma de maneira centralizada, ao mesmo tempo que o senado perdeu força. Dessa forma, chegou ao fim a república romana e teve início o período imperial (Kelly, 2006).

Lorena Pantaleão da Silva

(3.3)
Período imperial

Considerando os dados apresentados até o momento, podemos perceber que a formação do império foi bastante tumultuada.

Garrafoni (2006) esclarece que não obstante as bases do imperialismo tenham sido estabelecidas durante o período republicano, a consolidação das estruturas ocorreu no alto império romano. Este teve início em meio a uma profunda crise social e política que tinha sido legada à sociedade romana em decorrência das guerras entre os generais em disputa pelo poder em Roma.

Ao mesmo tempo, conforme Garrafoni (2006), cabe ressaltar a vastidão do período que é englobado como parte do império romano, que vai desde a ascensão de Otávio ao poder, no século I a.C. até a invasão e tomada de Roma pelos povos bárbaros, em 476 d.C., contabilizando praticamente quinhentos anos de história. Ao colocar em perspectiva a extensão temporal e territorial do império, notamos as profundas transformações sofridas por essa instituição ao longo dos séculos, sejam elas políticas, sejam culturais, sejam religiosas.

> Ainda que as bases do imperialismo tivessem sido estabelecidas durante o período republicano, a consolidação das estruturas ocorreu no alto império romano. Este teve início em meio a uma profunda crise social e política que tinha sido legada à sociedade romana devido às guerras entre os generais em disputa pelo poder em Roma.

O início desse período foi marcado pelo surgimento do **principado**, ou seja, pela ascensão de Otávio ao poder e pelo fortalecimento da figura do imperador em detrimento do senado romano. Esse primeiro momento, denominado *Alto império*, perdurou ao longo dos séculos I e II d.C. e foi marcado pela prosperidade e pela chegada de diversos bens advindos das províncias romanas à capital do império. Assim, conforme é apontado por Guarinello

(1987), as conquistas além-mar obrigaram à reestruturação do sistema de domínio romano e à formação da organização baseada em províncias. Essa alteração fez com que os territórios provinciais passassem a ser supridores do império não apenas via saques de guerra e fornecimento de escravos, mas também por intermédio de pagamentos de tributos ou exploração de recursos, ou seja, de forma contínua.

Ao mesmo tempo, a política teve como elemento principal a ideia da *pax romana*, implantada por meio do fortalecimento do exército. Nesse processo, os militares romanos se tornaram responsáveis por proteger o território romano e suprimir possíveis revoltas, formando um sistema de controle e exploração regular dos territórios conquistados.

Certamente, esse processo tinha como elemento central o exército, mas, para que essa ação ocorresse de maneira satisfatória, os romanos passaram a manter alianças com as elites locais nas províncias, facilitando o processo de controle do território. Enquanto a elite romana detinha interesses particulares na expansão desde o período republicano, os grupos populares só tiveram acesso aos benefícios do processo expansionista quando participaram diretamente do exército, o qual foi transformado, no período imperial, em um **exército profissional** (Guarinello, 1987). Ainda assim, as parcelas mais excluídas dos centros de poder também alcançaram algumas conquistas nesse período, como a cidadania, que, conforme é apontado por Funari (2005), foi estendida, em 212 d.C., para toda a população livre. Esse processo não foi incólume à sociedade romana; pelo contrário, a cessão da cidadania aos mais diversos grupos acabou por causar a formação de novas categorias, baseadas, a partir de então, nas posses individuais.

Assim, o alto império pode ser descrito como um momento de forte militarização e crescimento econômico para Roma. Foi durante esse período que o latim se popularizou no mundo ocidental e foi também nessa época que se observou o contato dos povos locais com a cultura romana. De maneira geral, durante um longo período, os historiadores classificaram esses encontros como parte de um **processo de romanização**, o qual seria definido pela assimilação da cultura romana pelos povos dominados.

Ainda que, certamente, os romanos tenham influenciado os povos por eles conquistados durante o processo de expansão, alguns teóricos, como Hingley (2005), questionam essa percepção dos povos conquistados, definidos como incultos e bárbaros[3], que teriam aceitado de bom grado a inserção da cultura romana. Nesse sentido, estudos mais recentes apontam uma influência mútua entre colonizadores e povos conquistados, afirmando que a absorção da cultura romana não se dava por meio da aculturação e supressão dos povos conquistados, mas por meio de uma adaptação de ambos os grupos, a qual resultaria em uma nova percepção de mundo e cultura por parte dos envolvidos.

Tendo em vista esse processo de expansão que se desenvolveu durante o império romano e afetou diretamente a ordem social, retornamos para a esfera política e a sucessão imperial. Assim, no que se refere à sucessão de Otávio Augusto, ele foi seguido pelos imperadores Tibério, Calígula, Cláudio e Nero. Este primeiro grupo de imperadores governou até meados do século I, sendo interrompido pelo suicídio de Nero. De maneira geral, eles mantiveram a organização política e administrativa iniciada por Otávio Augusto. Talvez duas das principais características desse período sejam, segundo Alton (1998), o surgimento e o fortalecimento do culto imperial (lembrando que as associações entre a política e a religião romana

---

3 Os romanos chamavam de bárbaros todos aqueles que não dominavam a língua latina. A crítica proposta se deve à utilização por historiadores desse termo não como mera característica daqueles povos, mas como um juízo de valor depreciativo.

eram bastante comuns), bem como o surgimento do cristianismo primitivo (como são denominadas as primeiras comunidades cristãs).

Cabe ressaltar aqui, conforme é apresentado pelo historiador Richard Alston (1998) em seu livro *Aspects of Roman History*, que a imagem pública de Nero é bastante criticada, em especial quando se trata das ações durante seu governo, as quais foram atacadas ao longo do tempo. Nesse sentido, o historiador ressalta que Nero foi responsabilizado pelas mortes de diversos parentes por manter práticas sexuais consideradas promíscuas, bem como por se distanciar dos ideais de disciplina e seriedade cultivados pela elite romana ao adotar uma postura mais voltada à autopromoção (a qual é associada à má gerência das contas públicas). No entanto, segundo Alston, esse perfil extremamente negativo acerca do governo neroniano se deve, em grande parte, ao fato de ele ser lembrado como alguém que perseguiu os judeus e os cristãos pelo império romano, algo que se refletiu na construção da sua imagem pelos historiadores.

Dessa forma, sobre o período neroniano, Alston (1998) afirma que, inicialmente assessorado pelo chefe da guarda pretoriana[4] e por Suetônio, seu governo foi bem-sucedido. Segundo o estudioso, a escolha desses para assessorá-lo deve-se principalmente à sua mãe, Agripina. Cabe ressaltar que a mãe de Nero é constantemente retratada como uma mulher de grande capital político (inclusive por ser descendente de Augusto), a qual foi capaz de abrir espaço para que seu filho chegasse ao cargo de imperador – dado reforçado pelos comentadores da época –, ainda que Agripina não tenha mantido essa influência ao longo do governo de seu filho.

---

4 A guarda pretoriana era a parte do exército romano responsável pela segurança do imperador. Ela se tornou bastante poderosa com o tempo, recebendo diversas "bonificações" dos imperadores pelos serviços prestados.

Ao longo de sua administração, Nero não teve uma imagem sempre negativa, tal como foi apresentado após sua morte. Nos primeiros anos ele manteve um bom relacionamento com o senado e buscou se aproximar das mais diversas parcelas da população romana. Além disso, mesmo suas contínuas expressões artísticas e interesse pela cultura romana, em especial suas participações no teatro, não tiveram uma repercussão tão negativa inicialmente (Joly, 2005).

Assim, para Alston (1998), dentre os elementos que desfavoreceram a manutenção do governo neroniano, merecem destaque sua pouca experiência ao assumir o trono e a incapacidade de manter o apoio dos grupos aristocráticos. Ao fim, Nero acabou por cometer suicídio, sem que houvesse um sucessor para seu cargo, uma vez que grande parte de sua linha sucessória tinha sido morta ao longo de seu governo.

Sobreveio então um período de instabilidade, com a eleição e o posterior assassinato de Galba, seguido de uma disputa pelo poder que rendeu a formação de uma guerra civil em Roma. Esta chegou ao fim apenas com a ascensão de Tito Flávio Vespasiano, o qual deu origem à **dinastia flaviana**. Considerando o ambiente de crise sob o qual ele assumiu o império, Alston destaca que Vespasiano não contava com amplo apoio da sociedade e era observado como alguém de atitudes pouco refinadas. Sem maiores conquistas durante seu governo, ele é lembrado por, entre outras obras, construir o anfiteatro Flávio, que os modernos conhecem como Coliseu. É reconhecido, também, como um bom gerenciador do tesouro público. Após sua morte, foi sucedido por seu filho Tito Vespasiano Augusto.

No entanto, de acordo com Alston (1998), a dinastia flaviana entrou em crise e foi sucedida pelos **antoninos** – momento de grande prosperidade e estabilidade (ao contrário do governo de seus antecessores). Dentre as características dos antoninos, em especial no que se refere ao governo de Trajano, é o fato de que o império romano alcançou sua maior extensão em toda sua história. O sucessor de Trajano, Adriano, visou à manutenção e à proteção do território, empreendendo grandes obras, como a construção do muro de Adriano. Após o governo de Marco Aurélio, sucessor de Adriano, o que observamos, no entanto, é uma sucessão de crises que desestruturaram as bases sobre as quais até então se estabelecia o poderio do império romano. Esse processo acabou por culminar, a partir do século III d. C., na luta por poder empreendida pelos generais romanos, a qual esgarçou as estruturas sociais, bem como levou à diminuição das cidades Funari (2002), uma vez que parte expressiva da população voltou para o campo.

Assim, os anos finais do império romano foram marcados por revoltas dos povos dominados e pela diminuição do território. Da mesma forma, considerando que esses territórios eram essenciais para a manutenção da ordem e o fornecimento de alimentos e matérias-primas, ficou mais fácil compreender como o território romano tornou-se mais vulnerável. Sem o apoio técnico fornecido pelas províncias e enfrentando revoltas internas, a organização social se esfacelou, e o outrora poderoso império foi transformado em uma terra que, posteriormente, seria dominada pelos povos a quem eles denominavam *bárbaros*. Concomitantemente às invasões bárbaras, observamos o fortalecimento do cristianismo como um elemento relevante para a cultura local (Funari, 2002).

Dessa forma, teve fim o império romano, com a crise de fornecimento e a divisão do império em duas partes, ocidental e oriental. Enquanto o império bizantino, com capital em Constantinopla, perdurou por mais dez séculos, o império romano do Ocidente teve seus territórios dominados pelos povos bárbaros, fator que causou a descentralização do poder até, por fim, sua capital, Roma, ser invadida em 476 d.C., marcando o fim de uma era.

Lorena Pantaleão da Silva

Síntese

Ao longo deste capítulo, você foi apresentado ao processo de desenvolvimento da civilização romana. Nesse sentido, é importante que você reconheça as diferenças existentes entre o período republicano e o imperial, com a perda de poder por parte do senado. Ao mesmo tempo, é relevante identificar como o processo de expansão territorial acabou por moldar o desenvolvimento econômico e as mudanças sociais em Roma.

Indicações culturais

Artigo

GARRAFFONI, R. Guerras Púnicas. In: MAGNOLI, D. **História das guerras**. São Paulo: Contexto, 2006. p. 47-75.

Texto detalhado sobre a guerra travada entre romanos e persas, com destaque para as técnicas militares desenvolvidas no processo.

Livro

OVÍDIO. **A arte de amar**. Porto Alegre: L&PM Pocket, 2001.

Obra romana na qual o autor expõe, de maneira bem humorada, as regras para se conquistar e manter um amor, para homens e mulheres. Desde os locais mais apropriados para a paquera até a maneira de se portar frente a um pretendente, esse autor romano apresenta um divertido quadro acerca das relações amorosas em Roma.

Atividades de autoavaliação

1. Sobre as reformas propostas pelos irmãos Graco, podemos afirmar que:
    a) foram bem sucedidas.

b) não favoreciam a população mais pobre.

c) se centravam na distribuição das terras do *ager publicus*, bem como na realização de uma reforma agrária.

d) marcam a transição do período monárquico para o período republicano.

2. Sobre o período da república romana, assinale a alternativa **incorreta**:

a) Trata-se de um momento com pouco poder do senado.

b) Foi durante a república que teve início o processo expansionista romano.

c) Chegou ao fim com a ascensão de Otávio Augusto.

d) Nesse período, ocorreu a tentativa de reforma por parte dos irmãos Graco.

3. Sobre a organização social romana, assinale a alternativa **incorreta**:

a) Os patrícios provinham de famílias mais ricas e tradicionais.

b) Os clientes dependiam dos patrícios e plebeus ricos e os auxiliavam em troca de apoio econômico.

c) Aumentou a quantidade de escravos no império romano durante o período de expansão.

d) A plebe era um grupo bastante homogêneo.

4. Sobre César, é **incorreto** afirmar:

a) Chegou ao poder em virtude de sua popularidade como general.

b) Tinha o apoio do exército romano.

c) Estabeleceu reformas políticas que agradavam e contavam com o apoio do senado romano.

d) Posicionou-se contra o movimento expansionista romano.

5. Sobre as causas do fim do império romano, assinale a alternativa **incorreta**:
   a) Diminuição do número de escravos.
   b) Invasões bárbaras.
   c) Crise econômica do século III.
   d) Maior emancipação feminina.

Atividades de aprendizagem

Questões para reflexão

1. Descreva as inovações técnicas e militares utilizadas nas Guerras Púnicas.

2. Pesquise sobre as propostas apresentadas pelos irmãos Graco acerca da redistribuição de terras na Antiguidade e compare-os com o cenário da reforma agrária no Brasil contemporâneo.

Atividade aplicada: prática

Escolha três imperadores romanos e leia suas respectivas biografias na obra *A vida dos doze césares*, de Suetônio. Em seguida, elabore um texto descrevendo suas impressões acerca do estilo da escrita de Suetônio e do juízo de valores que ele estabelece sobre os imperadores.

SUETÔNIO. **A vida dos doze césares**. São Paulo: M. Claret, 2004. (Coleção A Obra Prima de cada Autor).

CAPÍTULO 4

Como viviam os romanos

Apresentaremos neste capítulo uma visão geral acerca da vida do cidadão romano. Acreditamos que, para além da vida política, é importante compreendermos como se dava a vida cotidiana, ou seja, como as ações apresentadas no capítulo anterior interferiam na vida das pessoas comuns daquela época.

Para isso, apresentamos, na sequência, dados sobre a rotina diária dos romanos dos grupos da elite e comentamos, brevemente, sobre algumas parcelas da população menos abonadas, como os escravos os e gladiadores. Da mesma forma, apresentamos dados sobre a vida e os espaços ocupados por esses grupos. Finalmente, como aspecto que influenciava tanto as relações entre indivíduos quanto a relação destes com a esfera político social, sendo também um elemento catalisador do *ethos* romano, apresentamos alguns dados sobre a relação dos romanos com a esfera religiosa. A religiosidade era, sim, parte importante da política romana – e aqui devemos considerar que as relações se davam de maneira diferente da forma como ocorre no mundo atual, não se tratando de mero uso político da religião, mas de esferas, por vezes, indissociáveis (Garraffoni, 2009), como veremos adiante. Porém, mais do que a religião cívica, existiam as práticas religiosas que ocorriam no âmbito privado, a qual era íntima e por vezes, individual. Eram práticas diversas, nas quais os romanos buscavam auxílio para os problemas cotidianos além de previsões e dados que os auxiliassem a se preparar para o futuro e a compreender melhor o mundo que lhes circundava.

(4.1)
Dia a dia em Roma

Em um primeiro momento, pode parecer estranho ou de menor importância demonstrar maior interesse sobre a vida cotidiana dos romanos. Ora, qual seriam os aspectos da vida cotidiana, mundana, que poderiam tomar nossa atenção em lugar dos grandes feitos dos imperadores, das batalhas realizadas durante o processo de conquista e expansão? De maneira geral, ao longo do tempo, a historiografia clássica preteriu os temas do dia a dia em função de um saber que se supunha mais nobre e digno – o da história política e militar. Ainda que os primeiros esforços em reverter esse quadro datem do início do século XX, observamos uma demora na popularização dos temas relacionados ao cotidiano.

Para além da mera curiosidade sobre a "intimidade" – ainda que o espaço público e o privado em Roma não tenham delimitações tão exatas no mundo romano como ocorre na contemporaneidade (Feitosa; Faversani, 2002) – o exame sobre as ações cotidianas dos romanos nos permite uma maior aproximação de aspectos que são pouco analisados pelos estudos focados na política e na expansão militar. É apenas por meio da análise da vida mundana que somos capazes de nos aproximar dos aspectos mais humanos dos romanos, daqueles dados que nos trazem, em vez da inspiração cedida ao ler os feitos de César ou ao recitar um texto de Suetônio, a empatia que somos capazes de sentir pelos personagens sem nome, pelos infames. Sem nomes, mas não menos importantes se queremos compreender de maneira mais ampla a sociedade romana.

Nesse sentido, o estudo da vida dos romanos comuns, dos "renegados" – por assim dizer, das mulheres, dos escravos, dos gladiadores, dos libertos, dos pobres – e mesmo dos patrícios – quando longe da esfera pública – faz com que sejamos capazes de nos aproximar de maneira mais concreta da sociedade romana e de todas as especificidades que lhe são características. Isso significa estudar os romanos sem a visão simplificada de um mundo em que patrícios e plebeus têm seus lugares marcados, podendo enxergá-los como um império que teve uma organização social que se alterou de maneira peculiar ao longo dos séculos e foi capaz de se adaptar ao surgimento de diferentes demandas, que por vezes se sobrepunham.

A fim de ilustrar essa pluralidade presente na sociedade romana, apresentaremos, na sequência, alguns grupos sociais e suas particularidades. Não é, certamente, uma tentativa de fornecer um modelo universal para a sociedade romana, mas a escolha de alguns personagens históricos que nos permitem aproximarmo-nos de como se dava a vida em Roma.

> Certamente, o estudo da vida cotidiana é, em grande parte, embasado na análise de fontes diferenciadas. Dados sobre o dia a dia não são comuns nas obras mais tradicionais, fazendo com que os historiadores recorram a obras literárias (por exemplo, textos satíricos e comédias), assim como ao estudo das fontes arqueológicas.

Cabe ressaltar a importância das escavações realizadas na cidade de Pompeia para a compreensão do cotidiano romano. Pompeia, cidade de veraneio da elite romana, foi soterrada por uma erupção do vulcão Vesúvio, em 79 d.C., sendo descoberta apenas em meados do século XVIII. Por meio da escavação da cidade, pudemos entrar em contato com diversos aspectos até então pouco conhecidos das cidades romanas: a organização da cidade, a divisão interna das casas, os objetos de uso cotidiano (Funari, 2003, p. 51).

Entre os vestígios encontrados, destacam-se as inscrições nas paredes pompeianas: os **grafites**. São mensagens, piadas, críticas, poemas, recados e até mesmo diálogos, inscritos em baixo relevo nas paredes (em áreas internas e externas). Em meio a esses grafites, há também registros autorais de membros dos grupos populares, algo incomum na literatura tradicional que chegou até nós, a qual era escrita por membros da elite (Funari, 2003).

Lorena Pantaleão da Silva

Por esse motivo, os dados encontrados em Pompeia são amplamente analisados por historiadores contemporâneos que se interessam por temas relacionados ao cotidiano, como os jogos, as relações amorosas, as respostas da população aos desígnios dos governantes, enfim, os interesses e desejos da plebe (Funari, 2003; Garraffoni, 2005; Feitosa, 2005).

4.1.1 Rotina de um cidadão

Ao nascer, o romano só era reconhecido enquanto indivíduo após receber a validação por meio de seu pai. Como é apontado por Veyne (2009), nem todas as crianças romanas eram criadas por seus familiares, pois muitos abandonavam alguns filhos para que pudessem investir de maneira mais incisiva na educação da prole. Quando eram reconhecidas pelos pais (no caso de nascidos livres, uma vez que os escravos herdavam a condição de seus pais), nas famílias mais ricas, as crianças teriam a educação garantida por nutrizes e, após a primeira infância, receberiam dados de instrução mais formal de um pedagogo.

Para os grupos mais abastados, a **educação** tinha, entre outras funções, o dever de servir como um elemento de distinção. Conhecer os mitos, a língua grega e dominar a retórica eram formas de atestar seu bom nascimento. Conforme já comentamos, existiam membros dos grupos populares que eram alfabetizados a ponto de nos deixarem mensagens nos muros da cidade de Pompeia, e existem relatos de professores que ensinavam os rudimentos da escrita para a população. No entanto, o controle da retórica e da gramática era algo demandado de maneira mais efetiva dos filhos da elite romana (Funari, 2002).

No que se refere aos membros da elite, ao entrar na adolescência, as meninas passavam a ser consideradas prontas para o matrimônio, enquanto os meninos continuavam seus estudos – que perduravam até o momento em que o indivíduo ingressasse para o exército ou assumisse um cargo público, passando assim a ser considerado adulto por seu responsável. Não existia uma idade fixada por lei para tanto, logo, a "maioridade" variava de acordo com o indivíduo (e os critérios escolhidos pelo seu responsável). No entanto, mesmo casado, o romano apenas estava livre dos deveres e da influência paterna com a morte do pai (Veyne, 2009).

Esse cenário, conforme apresentado por Veyne (2009), permite-nos vislumbrar o poder concentrado nas mãos do *pater familias*, o chefe da família romana. Por *familia* o autor não compreende apenas a família nuclear do mundo contemporâneo (pai, mãe, filhos e, eventualmente, algum parente mais próximo, como tios ou avós), mas uma versão estendida na qual se inserem os clientes, familiares e escravos, bem como os filhos adultos e suas esposas. Um dos eixos centrais para a compreensão da vida romana, o *pater familias* dispunha de enorme poder sobre aqueles que estavam em sua jurisdição, podendo, inclusive, deliberar sobre a vida e a morte destes.

Esse *pater familias* detinha para si o controle da família e da vida dos que lhe seguiam. Sua rotina se iniciava na *domus*, onde, segundo Carcopino (1990), o dia se iniciava cedo. As *domus* eram caracterizadas como casas de tamanho razoável, nas quais viviam os membros da elite romana. Dotadas de um espaço voltado ao público, onde ocorriam os banquetes e se recebiam os clientes, as casas da elite podiam ser decoradas com pinturas e mosaicos, os quais, muitas vezes, retratavam seus donos, bem como cenas mitológicas ou relacionadas à esfera religiosa (Sauron, 1998). Na casa, moravam a família e os escravos, servos que cuidavam das tarefas domésticas e serviam os convidados em dias de festa.

No entanto, contrastando com a opulência da área pública da casa, o espaço privado era bem mais simplório. Segundo Carcopino (1990), os quartos eram adornados de maneira bastante simples: uma cama com travesseiro e cobertas e um tapete aos pés da cama. Ao levantar-se nesse ambiente, o romano, já vestido com a túnica – cujo comprimento variava de acordo com o indivíduo, sendo mais curta para os militares, mais longa para os senadores e até os tornozelos para as mulheres romanas –, seguia para o barbeiro. Durante essa visita ao *tonsor*, o romano podia pedir que lhe cortassem e penteassem os cabelos, sendo possível também decidir se receberia algum perfume ou maquiagem, além de, é claro, fazer a barba (Carcopino, 1990).

Na sequência, conforme apontado por Funari (2002), os romanos seguiam para o trabalho ou para repartições públicas, fazendo uma pausa ao meio-dia para se alimentar. "O almoço era uma refeição leve: pão, azeitonas, queijos, nozes, figos secos e algo para beber" (Funari, 2002, p. 108). Após o trabalho ou depois de assistir a um espetáculo na arena, eles iam até os banhos públicos, os quais, além de ser espaço de higiene, também eram local de sociabilidade. Por fim, à noite ocorria a ceia, que, nas casas nobres, era farta e podia contar com vários convidados.

Tendo apresentado, brevemente, um sumário das principais características e rotinas dos membros da elite romana, seguimos então para a vida daqueles menos privilegiados.

4.1.2 Grupos populares

Acerca dos grupos populares em Roma, é relevante ressaltar que os estudos sobre o tema foram negligenciados por muito tempo, em detrimento do estudo da elite romana. Nesse sentido, quando analisados, os pobres eram vistos como parte de uma massa sem desejos e interesses, manipulada pela elite, a qual sobrevivia em virtude das benesses do Estado e tinha como único interesse assistir às lutas de gladiadores.

Essa leitura acerca da população romana é criticada por diversos historiadores contemporâneos (Garraffoni, 2002, 2005; Funari, 2003; Faversani, 1999). O próprio conceito de *panem et circenses* (apresentado pelo satirista Juvenal em um texto destinado a provocar o riso e, posteriormente, utilizado como exemplo do comportamento sobre a plebe romana) é bastante questionável – conforme apontado por Faversani (1999).

Ao criticar essa percepção de que os romanos pobres viviam de pão e de circo, Faversani (1999) aponta que a ideia de que toda a população mais pobre de Roma podia viver apenas das doações de pão do governo é bastante simplista. O autor destaca que uma parcela bastante pequena (0,5% da população do império) recebia esse auxílio do governo romano, uma vez que o benefício era restrito aos cidadãos romanos. Assim, a entrega de aproximadamente 21 litros de trigo por beneficiário claramente não era suficiente para manter toda essa população no ócio. Nesse sentido, conforme é apontado pelo historiador:

Não esqueçamos ainda que o trigo tinha de ser transformado em pão. Os pobres não podiam fazer isso em suas minúsculas vivendas de madeira, que não comportavam uma cozinha. Os apartamentos das insulae, *pequenos e insalubres, sempre sob o risco de se incendiarem, abrigavam sob condições subumanas boa parcela da população da capital. Tinham que pagar para o trigo ser transformado em pão, como também pelo aluguel (até 2000 sestércios/ano, quando o salário de um trabalhador especializado era de aproximadamente 3 sestércios/dia), pelo seu vestuário – que não era melhor do que aquele que recebiam os escravos do campo – etc.*

Muitos procuravam abrigo nos mausoléus da periferia de Roma por não terem como custear o aluguel ou por serem foragidos da lei. Outrossim, a capacidade de público das edificações que sediavam os espetáculos não era bastante ampla pra abrigar a todos, ao contrário do que faz supor Frontão, que parecia crer que toda a plebe ali passava todo o seu tempo. Dessa forma, ainda que os espetáculos fossem permanentes – e não o eram –, matemática e fisicamente seria impossível que toda a plebe passasse todo tempo no circo. (Faversani, 1999, p. 50-51)

As *insulae* citadas pelo autor eram as habitações onde moravam os mais pobres. Ao contrário das *domus*, casas da elite romana, as *insulae* eram prédios insalubres, cujos pequenos cômodos eram alugados por valores relativamente baixos. Essas habitações não raramente eram vítimas de incêndios e, por não terem espaço adequado para a produção de alimentos, obrigavam os moradores a comprar o pão (base da alimentação romana) em estabelecimentos que ficavam espalhados pela cidade.

Ainda que estudos mais tradicionais tenham apresentado a plebe romana como mera parasita do Estado, não era este o caso (Faversani, 1999). A plebe era capaz de ter uma expressão cultural própria, não uma mera reprodução da cultura erudita apresentada pela elite, revelando formas encontradas pelos seus membros de expor suas percepções de mundo (Funari, 2003).

Cabe fazer uma ressalva aqui. Ao apresentarmos a ideia de grupos populares, não estamos pensando num modelo globalizante, pelo contrário. Dados como a liberdade ou o *status* de nascimento eram extremamente relevantes na diferenciação da tão heterogênea população romana. No entanto, para fins didáticos, selecionamos algumas parcelas dessa população para apresentarmos aqui.

Escravizados

As comédias latinas estão repletas de personagens que, mesmo escravizados, desenvolvem relacionamentos peculiares com seus amos. Por vezes amistosos, os auxiliam e defendem, noutras são os responsáveis pela ruína deles, ou ainda, não raro, buscam apenas satisfazer aos próprios interesses em vez de atender aos negócios e desejos de seu senhor.

As relações entre patrões e escravizados eram bastante complexas: estes últimos eram posses de seu senhor e tinham um estatuto diferente dos demais funcionários ou clientes, podendo exercer as mais diversas funções, como trabalhos domésticos ou no campo. Os nascidos de mãe escrava automaticamente se tornavam servos do senhor materno. O poder que se estendia sobre os escravizados era extenso: seus donos podiam decidir sobre sua vida e sua morte e lhes aplicar os mais severos castigos físicos, além de terem o direito de se desfazer da "propriedade" quando assim lhes fosse interessante. Ao mesmo tempo, escravizados com capacidades peculiares, que dispusessem de conhecimento interessante ao seu senhor, podiam alcançar uma posição privilegiada, melhor do que de alguns cidadãos pobres que precisavam se preocupar com a fome cotidiana (Veyne, 2009).

É certo que existiam conflitos entre senhores e escravizados. O aumento da população escravizada teve início com as guerras de conquista e o aumento da oferta da mão de obra escrava, tendo em vista os cativos tomados nos conflitos. A instituição da escravidão era mais antiga, entretanto, e a predominância da população escrava (no campo e na cidade) teve aumento significativo em meados do período republicano e durante o império (Funari, 2002).

Lorena Pantaleão da Silva

Libertos

A grande quantidade de escravos deu origem a um segundo grupo populacional, não menos interessante que o primeiro: os libertos. Assim, os estudos acerca desse grupo são marcados pelas tentativas de compreender a ambiguidade de sua posição. Livres, mas não de nascimento, e com restrições nos direitos políticos, os ex-escravos chamam a atenção dos historiadores, até mesmo porque os aqueles que conseguiam sua liberdade – seja por cair nas graças de seu senhor, seja por serem libertados no leito de morte ou no testamento do *dominus* –, conseguiam, por vezes, condições de vida melhores que aquelas reservadas a alguns cidadãos pobres.

Um caso que é bastante citado por diversos pesquisadores é o trecho da obra de Petrônio, o *Satyricon*, no qual ele descreve a vida de um liberto chamado Trimalcião, o qual havia enriquecido enormemente e se tornara grande proprietário de terras. Embora ele buscasse se aproximar do modo de vida da elite, deixava transparecer em sua fala sua origem pouco nobre. Na obra, Petrônio afirma que o liberto teria enriquecido por meio do comércio e possuiria grande fortuna. Sobre essa temática, enquanto Veyne (2009) nos apresenta o liberto como alguém que vive em um limbo social, que teria alcançado a liberdade, mas sendo obrigado a viver sob a tutela de outrem e em uma posição subalterna em relação aos romanos, pesquisas mais recentes, como a de Faversani (1999), expõem novas perspectivas sobre o tema.

Por meio da análise do liberto retratado na citada obra de Petrônio, Faversani (1999) estabelece uma análise sobre a situação dos libertos durante o império romano. Para tanto, esse historiador destaca que a obra em questão é satírica, ou seja, tem por objetivo provocar o riso em seus leitores. Logo, ao descrever de maneira exagerada a grandiosidade da riqueza de Trimalcião em comparação aos demais personagens, devemos considerar a intenção do autor, e não tomar essa descrição como um retrato da realidade. Faversani (1999) destaca que a imagem de Trimalcião, apresentado como liberto inculto e incapaz de manter relações com parcelas mais nobres da sociedade, tal qual apresentada por Petrônio, não corresponde necessariamente à realidade de todos os libertos.

Faversani (1999) aponta como a citação de Trimalcião se caracteriza mais como uma crítica da elite para o grupo dos libertos ricos do que como um reflexo da realidade. Nesse sentido, cabe salientar que, ainda que libertos, esses indivíduos não tinham os mesmos direitos políticos de alguém nascido livre, mas, mesmo assim, podiam manter relações com diferentes grupos da sociedade. Além disso, os filhos dos libertos podiam ascender, e este era um fator que podia incomodar os romanos mais tradicionalistas e cientes do valor de sua cidadania, os quais apresentavam suas mágoas por meio das sátiras.

Nesse sentido, Faversani (1999, p. 158-159, grifo do original) destaca:

*Daí vem a imagem, **construída por Petrônio**, de Trimalchio ter chegado ao limite de sua carreira. Essa imagem foi indevidamente generalizada, por diversos autores, como representativa da condição dos libertos enriquecidos. É Trimalchio – e não todos os libertos – que, tendo essa posição nas redes de relações de poder, dá a impressão de ter chegado ao limite de sua ascensão, um limite que faz dele um homem endinheirado, mas não um rico. Esse é o caso de Trimalchio, mas não de todos os libertos enriquecidos, conforme já demonstramos. Se Trimalchio, por exemplo, se vinculasse a redes de relações de poder que se colocavam acima dele, teria novos degraus a escalar. Não é o que ocorre com o liberto que o consular Petrônio desenhou, o que não significa que essa alternativa, que o aristocrata deixou no escuro, não existia.*

Assim, para além de uma visão estática da sociedade, elementos como a ascensão social de um ex-escravizado nos permitem reconhecer que a coletividade romana era dinâmica e permitia alguma mobilidade entre seus membros. No entanto, a historiografia, de maneira geral, nos apresentou os libertos enquanto um grupo excluído da sociedade – em um limbo, conforme apresentado por Veyne (2009) –, percepção que vem sendo questionada. Da mesma forma, os gladiadores foram, durante muito tempo, excluídos dos estudos históricos ou apresentados de maneira a realçar sua categoria enquanto infames, párias sociais.

Gladiadores

Um dos elementos que mais chamam a atenção acerca dos hábitos romanos, seja em aulas, seja em filmes, seja séries de televisão, são as lutas de gladiadores. A ideia de homens que lutavam até a morte sob os olhares atentos de uma plateia que desejava sangue é, ainda hoje, bastante presente no imaginário da população. Certamente, esse interesse sobre os gladiadores não se restringe ao mundo contemporâneo, mas, ao longo da história dos estudos clássicos (e mesmo entre os comentadores na Antiguidade), notamos que se trata de um tema recorrente, ora para utilizar os gladiadores como exemplo de coragem e destreza frente às situações críticas, ora para questionar o bom senso da população romana por se interessarem por algo tão ordinário, sendo, certamente, um tema polêmico.

Tradicionalmente, entende-se que as lutas de gladiadores tiveram origem etrusca, sendo que o primeiro combate aberto ao público teria ocorrido em 264 a.C. A ida aos jogos de gladiadores era algo tão comum que, mesmo nas regiões mais distantes do império, as escavações arqueológicas revalaram anfiteatros construídos para esse fim, conforme apontado por Garraffoni (2005) em seu livro *Gladiadores na Roma Antiga: dos combates às paixões cotidianas*.

A historiadora destaca algumas das questões relacionadas ao estudo do tema, como a grande quantidade de fontes que podem ser analisadas: lápides de gladiadores, textos filosóficos, satíricos e da legislação do período, além de diversas inscrições nas paredes pompeianas.

Nesse sentido, Garraffoni (2005) defende que, no estudo dos jogos que ocorriam nas arenas romanas, devem ser consideradas as características relacionadas ao local e ao tempo em que estes se realizavam. Muito populares durante a república e o império, os jogos não se restringiam à matança desordenada entre os gladiadores, mas tinham diversas modalidades. Existiam as batalhas navais, as caçadas, as lutas entre animais, as reconstituições históricas, ou seja, uma grande variedade de espetáculos ofertados na região. Logo, para além da morte dos homens ali expostos outras formas de entretenimento podiam ocorrer naquele local.

Mas o que se entende aqui por entretenimento? O discurso sobre os gladiadores é muitas vezes apresentado como um exemplo da sede de sangue da população romana, aquela que o escritor satírico Juvenal, no século I, afirma viver sob a política "do pão e do circo". Bem, devemos destacar inicialmente que Juvenal era um autor satírico, e que sua obra é repleta de ironia e, portanto, não pode ser levada "ao pé da letra". Assim, em vez de imaginarmos um cenário em que sempre, sem exceção, alguém era morto durante os jogos, sabemos atualmente, por meio dos estudos da arqueologia, em especial das lápides mortuárias, que diversos gladiadores morriam velhos, conforme seus entes queridos nos informam por meio de sua última homenagem, sendo que alguns, após se "aposentarem" da arena, transformavam-se em treinadores de uma nova geração de lutadores. Ou seja, no referido estudo, Garraffoni (2005) nos aponta como a visão comumente propagada sobre esses homens vem sendo repensada pelos estudos mais recentes da historiografia, uma vez que as inscrições funerárias são bastante claras ao nos informar que esses homens deixavam família, esposas e filhos ao morrerem (nem sempre na arena!). Ao mesmo tempo, outro elemento interessante apontado pela pesquisadora é o fato de que, embora se tratasse de uma categoria de homens que eram isentos de direitos e de qualquer privilégio, muitos deles tinham algo que se assemelhava à ideia de fã no mundo contemporâneo: torcedores que se empenhavam em deixar, por escrito, nos muros pompeianos, suas preferências por determinados lutadores e que frequentavam a arena para acompanhar a destreza de seus ídolos.

Ora, se consideramos essas evidências sobre a importância dos jogos gladiatórios na sociedade, torna-se muito difícil encarar os espetáculos de gladiadores como mero espetáculo sangrento e passamos a encará-lo como uma parte interessante da sociedade romana que muito oferece aos olhos modernos. Tendo em conta a quantidade de esforços dedicados à construção das arenas nas mais distantes cidades do império, o tempo e esforço gasto sno treinamento dos gladiadores, bem como o interesse dos grupos mais ricos em financiar todo esse processo – uma vez que os jogos eram "presentes", obrigações que a elite romana tinha para com o povo –, percebemos a importância dessa prática no mundo dos romanos (Garrafoni, 2005).

Assim, um aspecto interessante frisado pela autora é o fato de que as arenas se tornaram igualmente espaço de sociabilidade, um local para "se fazer ser visto". Encontramos exemplo dessa prática nos relatos da obra *A arte de amar*, de Ovídio, autor romano. Nessa obra, o autor se propõe a dar conselhos àqueles que buscam encontrar um amor e afirma que as arenas eram um bom local para se fazer ser visto, na expectativa de encontrar um(a) parceiro(a). Destacamos aqui ainda que, mesmo sem participar ativamente das lutas, as mulheres também frequentavam as arenas como espectadoras e torciam por seus gladiadores favoritos.

É relevante imaginar o esforço e o investimento demandados ao longo da história de Roma para a realização das lutas de gladiadores. Vestígios arqueológicos demonstram a existência de uma série de anfiteatros espalhados por todo o império, inicialmente de madeira e, nas regiões mais importantes, de pedra. Fora esse aspecto mais físico dos jogos, cabe aqui ressaltar os recursos humanos demandados para realizar tamanho empreendimento. Além dos gladiadores, existiam pessoas responsáveis pela organização dos jogos, pela produção das vestimentas (sendo que algumas das armaduras eram extremamente elaboradas), por angariar gladiadores, por treiná-los, por trazer os animais para os espetáculos etc. Enfim, a quantidade de pessoas envolvidas era demasiadamente grande, algo que só reforça a importância que esses jogos tinham para os romanos (Garrafoni, 2005).

Tal esforço não ficaria sem um retorno da população. A relação desta com os jogos era tão fervorosa que, por vezes, a torcida por determinado grupo de gladiadores podia acabar em tumulto, como ocorreu na cidade de Pompeia, onde as lutas foram proibidas por dez anos, como punição pelo mal comportamento do público (Funari, 2003; Garrafoni, 2005). É também de Pompeia que nos chegam informações sobre as reações do público às lutas, por meio da análise dos grafites deixados pela cidade com detalhes das lutas, além de comentários e recados sobre elas. Ao mesmo tempo, Garraffoni (2005) demonstra que as famílias mais ricas, responsáveis por financiar os jogos, citavam esses dados em seus túmulos, por meio de esculturas em baixo relevo. Tal fato é bastante significativo, pois aponta que os membros da elite romana se orgulhavam de ter organizado esses espetáculos, marcando esse dado em seus mausoléus e deixando tal informação para a posteridade.

(4.2)
MULHERES ROMANAS

Durante muito tempo, os historiadores acreditavam que as mulheres tinham papel secundário na história romana. Em grande parte, essa proposição se deve ao fato de os pesquisadores em questão analisarem majoritariamente fontes escritas e jurídicas, bem como por estarem mais interessados em aspectos políticos e militares da história romana. Assim, o próprio recorte temático proposto por esses autores escondia as mulheres da historiografia – exceção feita a algumas personagens famosas por sua associação com homens poderosos (Cavicchioli, 2003).

Atualmente, cada vez mais observamos o crescimento da bibliografia referente ao estudo da vida das romanas: inicialmente, houve maior preocupação com as mulheres da elite, interesse posteriormente estendido àquelas pertencentes aos grupos populares. Para a realização dessas pesquisas, os historiadores tendem a utilizar diferentes documentos: além da legislação, são amplamente analisadas obras literárias e vestígios arqueológicos, os quais nos permitem maior proximidade com o universo feminino na Antiguidade. Essa preocupação é relevante na medida em que o estudo da legislação e de autores considerados sérios (filósofos e políticos) nos apresenta uma das dimensões da vida das mulheres: o papel que o Estado romano desejava que elas cumprissem na sociedade. A análise de textos literários, satíricos, bem como de vestígios arqueológicos, como estátuas e grafites pompeianos, nos permitem, entretanto, obter um olhar diferenciado sobre essa temática, deixando de lado a idealização das mulheres romanas, como temos visto nos trabalhos de Feitosa, Silva, Funari, Cantaerela, Pomeroy, entre outros.

Ainda que contassem com uma situação mais favorável que a das mulheres gregas, de maneira geral, as romanas não tinham direitos políticos. Assim, ainda que tivessem direito à propriedade e relativa liberdade, o destino delas era bastante dependente de seus familiares. Para além da relação com seus pais e esposos (ou proprietários, no caso das escravas e libertas), outro aspecto deve ser considerado para realizarmos o estudo da vida das mulheres romanas: devemos considerar seu *status* social, pois eram imensas as diferenças de vida entre aquelas pertencentes aos grupos populares e as mulheres da elite romana, chamadas *matronas*[1] (D'Ambra, 2007).

4.2.1 Mulheres pertencentes aos grupos populares

De fato, se consideramos que existem algumas restrições no que se refere ao estudo das mulheres romanas em decorrência do uso de determinadas fontes, essa dificuldade se acentua quanto à vida das mulheres pertencentes aos grupos populares. Em partes, essa escassez de relatos pode ser creditada ao fato de que essas mulheres realizavam trabalhos e exerciam papéis sociais que, em geral, atraíam menos atenção.

Desde o período republicano, era comum observar as mulheres dos grupos populares atuando de maneira bastante enfática no seio familiar. Sem a pompa das famílias patrícias, geridas pelo *pater familias*, essas mulheres atuavam de maneira bastante livre na sociedade, em especial nos centros urbanos como Roma, onde por vezes

---

[1] Palavra latina com referência à mater – mãe –, cujo propósito era dignificar e distinguir quem assim fosse chamada, ou seja, era uma maneira respeitosa de chamar as mulheres da elite romana.

trabalhavam como vendedoras nos bazares (profissão mal vista pela elite) ou em uma das inúmeras padarias existentes na cidade, com a finalidade de auxiliar o orçamento doméstico (D'Ambra, 2007).

O fato de algumas dessas personagens operarem de maneira efetiva na sociedade torna necessário que compreendamos que, mesmo entre as mulheres que não pertenciam à aristocracia, existiam divisões sociais importantes: se eram ricas ou pobres, livres por nascimento, libertas ou escravas – categorias que por vezes se sobrepunham, conforme apontado pela historiadora Eve D'Ambra *(2007)*, em seu livro *Roman Women*. Claro que, ao apresentarmos uma categoria como *mulheres populares* (em oposição ao modelo de *matrona*, que define a mulher da elite romana), o fazemos com um interesse pedagógico. Certamente, poderíamos listar uma grande quantidade de papéis femininos existentes nos grupos populares – um grupo que aparece com frequência nas obras literárias, em especial nas comédias, são as escravas.

Conforme apontado por Pomeroy (1989), das escravas romanas, sabemos que, enquanto os homens cativos podiam alcançar posições de destaque caso fossem educados ou tivessem alguma habilidade pessoal, o mesmo não ocorria com as mulheres escravizadas, que tinham seu destino estabelecido por seu senhor.

Em geral, as cativas romanas eram destinadas aos trabalhos domésticos ou, no máximo, eram deslocadas para atuar em profissões como parteira, atriz ou, ainda, caso tivessem menos sorte, obrigadas a se prostituírem. Dependendo da região do império em que vivessem, poderiam atuar na agricultura ou em outros serviços pouco desejáveis (Pomeroy, 1989).

Por vezes, essas mulheres podiam se casar. Nesses casos, de maneira geral, o marido comprava a liberdade da esposa: há relatos de relacionamentos entre escravizados em que o marido, após alcançar a liberdade, retornava para comprar sua esposa. Outras fontes nos apresentam dados de escravizadas, que, uma vez libertas, mantinham um relacionamento com seus antigos senhores, agora maridos. Ainda que estas passassem a assumir as vestes e a postura das matronas, os filhos nascidos dessa relação, mesmo na condição de libertos, não recebiam o nome do pai (Pomeroy, 1989).

De acordo com Pomeroy (1989), era relativamente comum que homens de grupos populares passassem a viver junto a mulheres escravizadas ou libertas. Ainda que, na prática, fosse um casamento, no caso das escravizadas, ele não tinha validade legal e, caso surgisse um filho dessa união, ele pertenceria ao dono dela. No que se refere às libertas, o casamento geraria herdeiros livres que poderiam receber o nome paterno (caso o pai fosse livre), prática comum, mas que, no entanto, era malvista entre a elite romana.

Era bastante comum que as mulheres dos grupos populares trabalhassem, sendo que muitas delas atuavam como vendedoras nas feiras das cidades. Além desse trabalho, era comum que elas realizassem a produção do vestuário para os romanos, uma profissão considerada tipicamente feminina.

Assim, as vagas de costureiras e fiadoras de lã eram tradicionalmente ocupadas por mulheres (escravas e livres). Possivelmente se tratava de uma profissão relativamente corriqueira para as mulheres, pois, uma vez que os romanos não tinham o costume de produzir roupas no ambiente doméstico, existiam diversas manufaturas para esse fim ao longo do império (Pomeroy, 1989).

No que se refere à vida familiar e amorosa, Pomeroy (1989) afirma que, muito possivelmente, o casamento por afeto era mais provável nos meios populares que entre a elite romana. Nesse sentido, o fato de o casamento não ser parte de um mecanismo de aliança entre os grupos populares favorecia para que as mulheres tivessem voz mais ativa na escolha do parceiro.

4.2.2 Matronas

As matronas eram mais dependentes de seus familiares em diversos aspectos. Os casamentos eram organizados tendo em vista os ganhos que esses arranjos trariam para as respectivas famílias. Sem o ideal romântico do amor contemporâneo, elas eram criadas sabendo de sua condição e da importância de gerar herdeiros em seus matrimônios (Veyne, 1990) (o desinteresse pela maternidade é uma crítica constante nas sátiras ao comportamento das matronas, sendo considerado um grande desvio de caráter).

Da mesma maneira que as meninas da elite se casavam, era relativamente fácil conseguir o divórcio, que consistia basicamente no retorno à casa dos pais. Em geral, casavam-se bastante novas, com menos de vinte anos (em geral, antes da puberdade), sendo que a diferença de idade com os esposos ultrapassava uma década facilmente. Em virtude desses fatores, era comum existirem viúvas jovens. Tal situação era bastante favorável para as matronas, uma vez que, tendo sobrevivido ao pai e ao esposo, elas tinham o direito de gerir seus bens e gozavam de relativa liberdade (Veyne, 2009).

Ainda que o amor não fosse algo prometido nos arranjos matrimoniais da elite, era esperado e considerado sinal de boa índole masculina durante o período imperial ter um bom relacionamento conjugal com suas esposas (Veyne, 2009). A associação das esposas com seus companheiros é bastante interessante, uma vez que, em especial entre os membros da elite, a conduta feminina era associada à vida pública de seu marido – o que fez as ações das matronas ficarem em evidência. Tal fato pode ser observado quando, por exemplo, nas sátiras, autores como Juvenal utilizam o comportamento das mulheres como um mecanismo para criticar seus esposos (como se as matronas fossem um reflexo da índole de seu companheiro ou, pior, eles fossem incapazes de controlar suas esposas)(Silva, 2011).

Da mesma forma, as vestimentas e a apresentação dessas mulheres refletiam o *status* de sua família. De acordo com o estudo de D'Ambra (2007), as matronas romanas eram conhecidas por dedicarem-se ao cuidado de si. Suas vestes, associadas aos penteados elaborados e ao uso de maquiagem, são provas da vaidade feminina durante aquele período. Ao contrário do que lemos em alguns textos moralistas do período imperial, estátuas e pinturas encontradas por todo império, em especial em Pompeia e Herculano, apontam para a vaidade feminina com roupas e penteados elaborados. Foram encontradas ainda diversas joias e estojos de maquiagem nos sítios arqueológicos, vestígios que se contrapõem ao ideal de mulher pura, casta e humilde que é propagado pelos moralistas e apontam para a vaidade das matronas (Feitosa, 2005).

Nesse sentido, é interessante notar que esse cuidado com o corpo feminino não se restringe à vaidade. Fontes relatam que as mulheres romanas conheciam uma ampla gama de métodos contraceptivos. Assim, de acordo com Roussele (1984), as doenças femininas eram, na maioria das vezes, associadas ao sistema reprodutor (não sendo raro que fosse recomendado às mulheres que se mantivessem grávidas pelo maior tempo possível), há evidências que apontam para algum controle feminino sobre seus corpos.

Dessa forma, conforme é afirmado por Rousselle (1984), o discurso oficial era condizente com a visão utilitarista que o Estado romano tinha sobre o corpo feminino. No entanto, segundo é apontado pela historiadora, as romanas tinham conhecimento de uma vasta gama de métodos contraceptivos, os quais seriam responsáveis pelas baixas taxas de natalidade no período imperial e motivo de preocupação do Estado romano.

> Outro método anticoncepcional é o recuo... da mulher. É ela quem aprende com o médico a adivinhar a iminência da ejaculação masculina, a prender então sua própria respiração e 'a recuar um pouco para que o sêmen não vá até o fim da cavidade do útero'. Depois disso, ela se põe de cócoras, espirra e enxuga a sua vagina. Mas, antes das relações, ela deverá ter introduzido no colo do útero pessários e emplastros que desempenham o papel de um diafragma. (Rousselle, 1984, p. 60)

Nesse processo, podemos observar o conflito entre as matronas e o que era esperado delas e o desejo destas em obterem o controle de seus corpos e, por conseguinte, de suas vidas. Porém, fora a importância e os conflitos com o papel delegado a elas no matrimônio, de que outras formas as mulheres romanas obtinham inserção social? Análises mais tradicionalistas tendem a afirmar que a influência social delas era nula. No entanto, pesquisas recentes realizadas por meio de resquícios arqueológicos afirmam que a relevância social das matronas extrapolava as funções maternas.

Um exemplo de sociabilidade feminina para além das atividades familiares é o levantado por Funari (2009b). Em seu artigo "Romanas por elas mesmas", o autor apresenta o caso de uma correspondência feminina encontrada em um acampamento militar romano. No texto (escrito em uma tabuinha de madeira, da forma como era realizada a troca de mensagens na época), a romana apresenta seus sentimentos pela amiga e a convida para uma visita. Ainda que pareça um texto prosaico, observamos por meio dessa tábua a elaboração de um laço de amizade que extrapola as barreiras familiares ou do círculo de atuação do marido, uma vez que o convite é assinado pela autora, não em nome de outrem.

Esse processo de liberação e de aumento das áreas de atuação femininas se dá, em especial, durante o período imperial. Assim, a participação mais ativa das mulheres nas esferas sociais e econômicas acabou por favorecer um processo de liberação sexual destas, conforme é apontado por Feitosa (2005). Logo, o ideal republicano de feminilidade não era mais o predominante, ainda que continuasse a ser louvado por autores mais ressentidos das mudanças pelas quais a sociedade romana passava. Feitosa e Faversani (2002) destacam ainda que a divisão do espaço público e privado se dava de maneira bastante distinta no mundo romano, sendo que existiam espaços na *domus* que eram públicos, utilizados para receber clientes e visitas; ou seja, que a ideia de que uma mulher confinada ao lar estivesse, necessariamente, distante da esfera pública pode ser questionada. Nesse sentido, as mulheres da elite podiam participar das discussões políticas realizadas no interior de suas casas ou na de amigos, ainda que lhes fosse vedada tal atitude no senado, por exemplo (Feitosa; Faversani, 2002).

Esse fortalecimento das mulheres romanas pode ser comprovado pela análise dos cartazes políticos encontrados em Pompeia, nos quais as matronas apontavam quais eram os candidatos que apoiavam, o que só pode ser explicado se considerarmos que essas mulheres mantinham relações de clientelismo com os candidatos. Logo, como enunciam Feitosa e Faversani (2002), ainda que estas não pudessem votar ou ser eleitas, participavam ativamente do cenário político (e existem expressões não só de matronas, como também de escravas e libertas).

Esse processo de emancipação existente no período imperial acabou por ter outras consequências, por exemplo: conforme é apontado por Cantarella (1987, p. 137, tradução nossa), "Raras vezes existiu na história um posicionamento tão liberal em relação ao divórcio, ao menos legalmente. É igualmente memorável, especialmente quando comparado aos séculos precedentes, o fato de que ambos, homens e mulheres, tinham os mesmos direitos ao divórcio".

Dessa forma, ainda que essas mudanças favoreçam de maneiras distintas as mulheres de grupos populares e as matronas, é importante ressaltar esses direitos alcançados pelas mulheres romanas para que possamos questionar as visões mais tradicionais da historiografia, que apresentavam as mulheres romanas como seres sem interesses pessoais, que viviam unicamente em função de seus maridos e de sua família.

D'Ambra (2007) assinala que essa emancipação não ocorreu sem conflitos e que tal estatuto era preocupante para o Estado, especialmente em virtude da diminuição drástica no número de nascimentos de cidadãos que se apresentava no período imperial. Tal preocupação levou à criação de legislações que punissem severamente o adultério feminino (as quais não surtiram efeito e caíram em desuso), além de medidas que incentivavam o aumento na taxa de natalidade, como a extinção da necessidade de um tutor para as libertas que tivessem mais de quatro filhos.

Assim, podemos compreender que as matronas eram responsáveis pela organização da casa e pela educação dos filhos, sendo que, nos meios da elite, além dos garotos, as meninas romanas também eram alfabetizadas, por vezes com conhecimentos de literatura e filosofia (D'Ambra, 2007). No entanto, ultrapassando esse papel mais comumente explorado como sendo o comportamento das mulheres romanas, algumas pesquisas históricas mais recentes, em especial aquelas que fazem uso de fontes arqueológicas, têm permitido estudos que revelam mulheres romanas mais atuantes em sua sociedade.

(4.3)
RELIGIOSIDADE ROMANA

Ao estudarmos a religiosidade romana, observamos que, por vezes, algumas análises menosprezam a importância da religiosidade no mundo romano, apresentando-a ora como uma mera continuidade dos mitos e deuses gregos, ora como um grupo de crenças e deuses menores que eventualmente perderam espaço para o cristianismo. Concomitantemente aos cultos realizados em homenagem aos diversos deuses romanos, existiam outras formas de se aproximar da esfera sagrada. A região onde Roma surgiu abrigava povos de origem diversa, os quais tinham como práticas religiosas comuns os auspícios – exame das entranhas de uma oferenda em sacrifício –, bem como a presença constante de oráculos. Segundo Garrafoni (2009), augures são extremamente importantes durante toda a história de Roma e suas bases encontravam-se em obras etruscas (*libre haruspicini, libri rituales,* e *libri fulgurales*).

Nesse sentido, cabe ressaltar algumas das dificuldades encontradas para a realização dos estudos acerca da religiosidade romana. E aqui escolhemos o termo *religiosidade* porque ele abarca uma série de práticas que não necessariamente eram organizadas em torno de um dogma religioso, mas que, no entanto, eram reconhecidas pelos romanos como formas de se aproximar do sagrado. Uma das primeiras questões acerca da religiosidade romana é que ela não possui um único livro sagrado. Ainda que existissem obras como os manuais sibilinos – os quais eram consultados eventualmente –, de maneira geral os cultos e mesmo o panteão romano podiam ser modificados. No mundo romano, os panteões míticos dos povos conquistados podiam ser incorporados ao panteão romano (Garrafoni, 2009).

Lorena Pantaleão da Silva

Em diversos momentos, observamos a adoção, pelos romanos, de deuses estrangeiros. Esse processo se dava por meio de *Evocatio*, que Warrior (2006) define como o processo de convocar o deus do inimigo ou estrangeiro para que este se estabelecesse em Roma, sendo que durante o processo o inimigo perderia sua proteção divina ao passo que os romanos teriam acrescentado a divindade ao seu panteão. Para além dessa absorção, devemos considerar que as práticas religiosas se influenciavam mutuamente. Estamos falando, assim, de um cenário no qual a religiosidade era bem mais permeável e dinâmica do que aquele com o qual estamos acostumados (Warrior, 2006; Scheid, 2003).

Há que se destacar, portanto, que a religião romana variava enormemente no interior do império e de acordo com o grupo social que estamos abordando. É certo que a religiosidade de uma matrona expressada por meio de um culto à deusa Bona Déa na capital tem uma visão e função diferentes da placa votiva escrita por um liberto na região da hispânia romana, por exemplo. Ainda que não existisse um livro com a doutrina desses múltiplos cultos, as fontes para o estudo da religiosidade romana são bastante vastas. Na literatura há relatos míticos que apresentam as divindades. Em textos políticos e jurídicos é ressaltada a importância de determinados cultos na manutenção da ordem, em pinturas e estátuas percebemos a representação dos deuses e de seus fiéis, e, finalmente, por meio de estudos arqueológicos, temos acesso a algumas expressões religiosas individuais, tais como as tábuas votivas.

Ainda assim, outro ponto que torna mais delicada a análise da religiosidade romana é a ligação que ela tinha com a esfera política. E, é importante frisar, essa ligação não significava um mero "uso" político da esfera religiosa, mas apontava que esta era indissociável da esfera política para os romanos (Garraffoni, 2009). Assim, os cultos cívicos eram, na maioria, atendidos por membros do governo ou do senado; os oráculos eram consultados antes de se declarar guerra ao inimigo e, durante o império, alguns imperadores recebiam o título de *Augusto*, ou seja, divino (Warrior, 2006).

Considerando esses aspectos, podemos dividir a religiosidade romana em dois grandes grupos: as práticas cívicas, dedicadas aos deuses tradicionais do panteão romano, e as práticas privadas. Assim, ainda que houvesse livros para demarcar a religiosidade e a leitura de sinais da natureza ou descrever como deveriam ser realizados os cultos, a religião romana não contava com um manual único disponível para toda a população. Warrior (2006) explica que, de tal modo, em grande parte, a aproximação com a esfera sagrada era pessoal ou por intermediários não oficiais, tais como adivinhos e astrólogos.

Dentre os rituais que não eram de ordem pública, alguns dos mais importantes eram realizados pelo *pater famílias*, na intenção de todo o grupo pelo qual ele era responsável (família nuclear, servos e escravizados). As oferendas feitas por ele geralmente eram realizadas em homenagem aos deuses Lar e Penates, guardadores do lar (Warrior, 2006). As mulheres também apresentavam suas oferendas aos deuses domésticos (Scheid, 2003).

Para além desse culto privado, outras formas de religiosidade permeavam o mundo romano. Por exemplo, conforme é apontado por Warrior (2006), a astrologia se tornou bastante comum durante o período imperial. Como exemplo dessa presença, destacamos a fala de Trimalcião na obra de Petrônio, por meio da qual o liberto expressa seu desejo de impressionar seus convivas por meio de seu conhecimento acerca dos signos, bem como as moedas que Augusto manda serem cunhadas com o símbolo de capricórnio (seu signo) no verso.

Conjuntamente às práticas já descritas, a autora destaca a existência de técnicas de ocultismo entre os romanos, as quais incluíam a produção de poções e encantamentos ou mesmo da necromancia. Por não estarem inclusas nos rituais controlados pelo Estado nem na religiosidade familiar, essas práticas eram consideradas subversivas, e existiam punições severas para quem fosse acusado de realizar tais atos.

Por outro lado, no que se refere à religiosidade individual, o contato com os deuses podia se dar de forma mais íntima. Nesse ponto, destacamos o estudo apresentado por Garraffoni e Funari (2012). A análise dos grafites das paredes de Pompeia revelou relatos de indivíduos que estabeleciam relações íntimas com os deuses, em especial com a deusa Vênus. Nessas inscrições, há pedidos e súplicas além de recados que solicitam trocas de favores para alcançar a felicidade amorosa, demonstrando uma relação íntima e individual com os deuses romanos e o sagrado.

No que se refere à relação entre política e religiosidade, Warrior (2006) aponta que a influência religiosa na política era maior durante a república e, quando surgiu o império, o controle da religião passou para as mãos do imperador. Como alguns exemplos da atuação dessa religiosidade mais tradicional, podemos apontar o trabalho dos augures e pontífices. Os primeiros cuidavam dos auspícios, e os segundos, dos rituais da religião oficial, bem como da definição de datas. Existia ainda um grupo de quinze sacerdotes que eram responsáveis pela guarda dos livros sibilinos de origem grega (Warrior, 2006).

Acerca da participação feminina nesse processo, podemos destacar a presença das vestais, as quais ficavam sem se casar por trinta anos, período no qual permaneciam no santuário da deusa Vesta (deusa protetora de Roma) realizando os rituais previstos (Pomeroy, 1989; D'Ambra, 2007). Após esse período, eram livres para sair do templo e casar-se, algo que poucas faziam. Cabe ressaltar que, ao longo do tempo, as vestais foram amplamente apresentadas na historiografia como exemplo da presença feminina na esfera religiosa, algo que podemos atribuir ao caráter tradicional dessa prática, em detrimento de outros cultos, como as práticas relacionadas à fertilidade.

No que toca à atividade, à prática religiosa de fato, assim como ocorria com os gregos, era feita no altar e não no templo (Warrior, 2006). As ofertas aos deuses que ocorriam nos altares eram bastante variadas e podiam ser flores, alimentos e vinho ou, em ocasiões especiais, animais. Ao fazer o pedido, o fiel prometia por vezes um segundo sacrifício para quando a graça fosse alcançada. Quando a oferta envolvia o sacrifício de um animal, após o sacrifício a análise da oferenda era realizada por um membro externo – e, caso apresentasse algum defeito, um novo sacrifício era realizado. Vale lembrar que, segundo essa autora, essas oferendas e promessas eram realizadas também antes de ações militares. As consultas davam-se antes de qualquer ação política ou militar de grande porte, e era necessário esperar o bom auspício dos deuses para que as práticas fossem permitidas.

De acordo com Warrior (2006), a religião romana não tinha como uma de suas principais características definir regras morais, mas era extremamente prática no sentido de que era possível recorrer aos deuses quando se necessitava de ajuda. Assim, a existência de muitos deuses e de uma religiosidade bastante ativa não significava que os romanos acreditassem em um deus benevolente. Para alcançar a graça dos deuses, era necessário dedicação e afinco nas exortações e oferendas.

A importância da religião cresceu no período imperial, com o imperador acumulando para si o cargo de pontífice máximo (chefe religioso). Para ilustrar essa relação entre religião e política de maneira mais clara, Warrior (2006) nos lembra que uma das mais tradicionais etapas da conquista romana era o desfile em triunfo, no qual o general, após uma vitória militar, adentrava a cidade em triunfo, acompanhado dos escravos e soldados que o auxiliaram no processo e dos itens saqueados; o desfile terminava com a chegada ao templo de Júpiter. Essa relação se estendia para os cargos religiosos, os quais eram, em geral, ocupados por pessoas que também ocupavam cargos políticos.

Assim, cabe ressaltar que a presença da religiosidade romana era bastante ampla na sociedade. Os mais diversos grupos sociais eventualmente buscavam conselhos, por meio da adivinhação, ou o favor dos deuses, por meio de ofertas. Mais do que uma forma de manipulação estipulada pelo governo imperial, a religiosidade e a política romana eram esferas intrinsecamente ligadas, organizando e sendo parte ativa da vida dos romanos. Não podemos encarar a religiosidade romana, portanto, como um grupo de crenças em meio a um processo evolutivo entre o paganismo e a ascensão do cristianismo; devemos enxergá-lo como um conjunto de práticas religiosas que auxiliavam a compreensão de mundo dos indivíduos daquele período (Garrafoni, 2009).

Conforme pudemos observar, a religiosidade era parte relevante da vida dos romanos. Esse contato com a esfera sagrada ocorria de diversas formas, com cultos, ofertas ou mesmo, práticas de adivinhação. Ao contrário de outras esferas da sociedade romana, as mulheres tinham um papel bastante relevante na religiosidade. Por isso, dedicaremos a seção subsequente especificamente a esse tema.

4.3.1 Religiosidade feminina

Um dos espaços reconhecidamente públicos nos quais as mulheres alcançavam grande visibilidade era a esfera religiosa. Nesse sentido, destacamos que, por esfera religiosa, não citamos apenas os ritos oficiais (que eram, na maioria, geridos por membros da aristocracia e podiam contar com a presença atuante das matronas – alguns cultos demandavam a presença do casal), mas também as demais práticas religiosas, como os ritos de mistério e cultos estrangeiros agregados ao panteão romano, nos quais a presença feminina recebia destaque (Rives, 1998; Scheid, 1993). Assim, devemos esclarecer que o espaço político não era dominado pelas mulheres, porém elas tinham papel relevante na religiosidade romana. Entre os cultos oficiais que contavam com a presença feminina destaca-se a importância destinada às vestais.

As vestais eram um grupo de virgens responsáveis por guardar o fogo sagrado de Roma, elemento simbólico essencial na mitologia da cidade e do império (tornando-as guardiãs da cidade, ainda que de maneira simbólica). Eram seis virgens escolhidas entre as filhas da elite romana que deveriam dedicar sua vida ao dever cívico. Caso rompessem seu voto sagrado e tivessem relações sexuais, eram punidas com a morte. No entanto, cumprindo as regras, não eram submetidas a nenhum tipo de tutela masculina e presidiam cultos à deusa Bona Dea (Pomeroy, 1989; D'Ambra, 2007).

De maneira geral, as vestais receberam maior destaque por parte da historiografia, mas, para além delas, outros cultos permitiam a participação feminina, com destaque aos cultos de mistério, relacionados a práticas de fertilidade, além das práticas de adivinhas. Historiadores da religiosidade romana como Sheid (1993) apontavam antigamente para a ausência feminina na esfera religiosa, pois as interdições ao consumo do vinho e da realização de sacrifícios seriam barreiras intransponíveis – exceções feitas ao ritos realizados em defesa da família e à celebração da maternidade.

Contrariando essa perspectiva, pesquisas recentes apontam para a realização de cultos em locais fechados e controlados pela elite como sintomáticos da presença feminina. Pinturas encontradas na "vila dos mistérios" – uma casa cujos cômodos eram dedicados ao culto do deus Dionísio (associado à fertilidade e às festas de inversão de valores) –, apontam que a regência desses ritos era realizada por mulheres (Sauron, 1998). Ao mesmo tempo, Petrônio, autor contemporâneo ao período em que a vila esteve em uso, fez uma descrição vívida em sua obra de um culto de mistério presidido por uma sacerdotisa bastante voluntariosa, cujos poderes assustavam os protagonistas. Ao narrar as ações de Quartilla (a sacerdotisa), Petrônio destaca como todos os personagens que com ela se deparam reconhecem suas faculdades extraordinárias na esfera religiosa. Segundo o relato de Petrônio, tal capacidade lhe permitia atemorizar e controlar aqueles que estavam a sua volta (bem como a liberava de seguir o código de conduta das matronas).

Ao mesmo tempo, em outras obras são citadas mulheres que atuavam como adivinhas e auríspices, ou seja, que eram capazes de ler o futuro por meio de sinais da natureza, reconhecendo em determinados eventos (ou mesmo na leitura de sacrifícios) bons e maus presságios. Juvenal, autor satírico extremamente moralista, critica o uso indiscriminado que as mulheres fariam de tais artifícios, bem como censura a presença feminina nos cultos tradicionais, pois estes teriam sido corrompidos pelas mulheres.

Dessa forma, podemos concluir que a sociedade romana era um espaço de liberdade único para as mulheres no mundo antigo. As pesquisas recentes apontam para a presença atuante das mulheres romanas como agentes transformadoras do meio em que viviam. Certamente, para estabelecermos essa análise, é necessário que consideremos as variáveis, analisando se a mulher em questão era da elite ou dos grupos populares, livre, liberta ou escrava. Cada uma dessas categorias afetava transversalmente o papel e o espaço ocupado pela mulher romana. Além desse fator, devemos considerar que ocorreu um processo de alargamento da atuação feminina na sociedade, o qual atingiu seu ápice durante os séculos I e II d.C. e foi tremendamente minimizado ao final do período imperial.

Síntese

Esperamos que você tenha encontrado, ao longo deste capítulo, informações que o auxiliem a se aproximar da rotina e da vida dos romanos comuns, aqueles que não participavam das grandes decisões políticas e militares. Ao mesmo tempo, esperamos que você tenha observado a importância do uso de fontes variadas (como obras literárias e vestígios arqueológicos) para ampliar os dados acerca de grupos como os gladiadores e as mulheres romanas. Por fim, ressaltamos que a religiosidade romana é mais do que uma mera coleção de mitos propagandeada pelo governo romano; é, na verdade, um grupo de práticas que contavam com a participação de amplos setores da população romana.

Indicações culturais

Documentário

POMPEIA: o último dia. Direção: Peter Nicholson. Inglaterra/ Espanha: BBC Distribution, 2003. 50 min.

Esse documentário apresenta dados acerca da erupção do Vesúvio, que soterrou Pompeia em 79 d.C. Essa obra é interessante para compreender como se deu o soterramento e como as informações sobre a cidade sobreviveram até o período moderno.

Livros

PETRÔNIO. **Satyricon**. São Paulo: Cosac Naify, 2008.

Obra escrita no período do Alto Império Romano, o *Satyricon* é considerado único na literatura romana. Ao longo do texto petroniano (do qual restaram apenas trechos, pois se supõe que o original era bem mais extenso), somos apresentados ao submundo do império. Por meio das peripécias de seus protagonistas, anti-heróis que em nada lembram o ideal do cidadão romano, Petrônio constrói uma narrativa satírica que, em vez da seriedade romana, apresenta o divertido mundo dos párias, escravos e libertos, entre outros indivíduos de moral questionável. A tradução de Aquati conta com anexos e posfácio, que auxiliam o processo de leitura e aproximam o leitor do momento de escrita da obra.

CARCOPINO, J. **A vida quotidiana em Roma no apogeu do império**. São Paulo: Companhia das Letras, 1990.

Nessa obra do século XX, Carcopino apresenta informações sobre o dia a dia dos romanos – como a rotina, a divisão das casas, a organização das tarefas domésticas –, aproximando o leitor das atividades diárias do romano comum.

FAVERSANI, F. **A pobreza no Satyricon de Petrônio**. Ouro Preto: Ed. da Ufop, 1999.

Livro voltado para a análise da obra de Petrônio, é uma leitura interessante sobre como a historiografia contemporânea pode analisar, por meio de fontes literárias, grupos populares nem sempre priorizados pela história clássica.

FUNARI, P. P. A. **A vida cotidiana na Roma Antiga**. São Paulo: Annablume; Fapesp, 2003b.

Nessa obra, Funari apresenta informações sobre o cotidiano dos romanos, partindo, principalmente, da análise de fontes materiais, em especial, dos grafites pompeianos, os quais nos permitem maior aproximação com os grupos populares e suas visões de mundo.

GARRAFFONI, R. S. **Bandidos e salteadores na Roma Antiga**. São Paulo: Annablume; Fapesp, 2002.

Com base em textos de Petrônio e Apuleio, a autora analisa o banditismo em Roma, considerando suas relações interpessoais e a lei romana, é analisada nesse livro.

GARRAFFONI, R. **Gladiadores na Roma Antiga**: dos combates às paixões cotidianas. São Paulo: Fapesp; Annablume, 2005.

Voltado para o estudo dos gladiadores, nesse livro encontramos dados sobre a organização e o financiamento dos *munera*. O livro busca, por meio da análise de grafites e das epígrafes funerárias dos gladiadores, apresentar dados sobre a vida íntima e as relações familiares e amorosas estabelecidas pelos heróis das arenas romanas.

Atividades de autoavaliação

1. Sobre o estudo da história de Roma, assinale a alternativa correta:
   a) Reconhecidamente uma área mais conservadora, a historiografia referente a Roma continua a ignorar o estudo dos grupos populares.
   b) Nas últimas décadas, observamos um esforço para que sejam realizados estudos acerca dos grupos populares

romanos considerando a especificidade dos diferentes grupos que compunham a sociedade romana.
c) As únicas fontes passíveis de análise, no caso do mundo romano, são as fontes literárias.
d) A cidade de Pompeia, ainda que seja um ponto turístico interessante, pouco tem a oferecer aos historiadores.

2. No que se refere à religiosidade romana, assinale a alternativa correta:
   a) Apenas as mulheres detinham cargos de relevância na esfera religiosa.
   b) Os romanos não se importavam com a religiosidade, a qual era apenas mais uma parte do aparato estatal, sem valor sentimental.
   c) Na Roma Antiga, a religiosidade englobava diferentes esferas, como o culto cívico, as cerimônias realizadas no interior das casas e práticas como a adivinhação.
   d) A religião romana era mera cópia da religiosidade grega, não tinha importância na esfera pública nem era ligada à política.

3. Sobre os grupos populares, assinale a alternativa correta:
   a) Mesmo as mulheres mais pobres tinham uma vida restrita ao lar na Roma Antiga, sem exercer qualquer forma de atividade remunerada.
   b) Os libertos eram completamente isolados da sociedade romana, incapazes, até mesmo, de manter relações sociais entre si.

c) Nos combates de gladiadores, obrigatoriamente um deles era morto ao final da luta.

d) Os grupos populares romanos eram compostos por uma grande diversidade de subgrupos, os quais demandam estudos atentos a suas especificidades.

4. Sobre a vida em Roma, assinale V nas afirmações verdadeiras e F nas falsas. Em seguida, assinale a alternativa que apresenta a sequência correta:
( ) As habitações populares eram chamadas de *domus*.
( ) O casamento era realizado entre noivos com pouca diferença de idade.
( ) Os jogos e espetáculos eram parte da vida dos romanos e geravam tamanha comoção a ponto de existirem torcidas organizadas para os gladiadores.
( ) Os grupos populares viviam apenas de pão e de circo.
a) V, V, V, V.
b) F, V, F, V.
c) F, F, V, F.
d) F, F, F, F.

5. Sobre a religiosidade romana, assinale V nas afirmações verdadeiras e F nas falsas. Em seguida, assinale a alternativa que apresenta a sequência correta:
( ) A religiosidade estava restrita à esfera política.
( ) As mulheres tinham participação ativa na religiosidade romana.

( ) A religião romana foi influenciada por práticas religiosas de outros povos, chegando a incorporar deuses externos a seu panteão original.

( ) Era uma cópia da religiosidade grega, sem valor prático para a maioria dos indivíduos.

a) V, V, V, V.
b) F, V, V, F.
c) F, F, V, F.
d) F, V, F, F.

Atividades de aprendizagem

Questão para reflexão

Leia e compare as visões acerca do papel das mulheres e da presença feminina na sociedade romana nas obras de Moses Finley e Lourdes Feitosa.

FINLEY, M. As mulheres silenciosas de Roma. In: FINLEY, M. I. **Aspectos da Antiguidade**: descobertas e controvérsias. Lisboa: Edições 70, 1990. p. 143-156.

FEITOSA, L. C. **Amor e sexualidade**: o masculino e o feminino em grafites de Pompeia. São Paulo: Fapesp; Annablume, 2005.

Atividades aplicadas: prática

1. Escreva um texto comparando a vida das matronas romanas com a das mulheres pertencentes aos grupos populares.

2. Leia o trecho relativo ao banquete de Trimalcião no livro *Satyricon*, de Petrônio. Considerando que o autor pertencia à elite romana e que a obra foi escrita para provocar o riso, enumere os artifícios usados pelo autor para ridicularizar a categoria dos libertos romanos.

PETRÔNIO. **Satyricon**. São Paulo: Cosac Naify, 2008.

Capítulo 5
Representações da
Antiguidade Clássica no
mundo contemporâneo

Ao analisarmos a historiografia relacionada ao mundo greco-romano, podemos perceber a maior relevância dada a determinados temas em certos momentos, bem como a definição das fontes utilizadas, as quais incidem diretamente na percepção que o pesquisador, estudante ou mesmo um curioso sobre o tema irá estabelecer com o passado clássico. Após termos apresentado um breve resumo de alguns fatos e características marcantes das civilizações grega e romana, neste capítulo analisaremos o modo como esses povos vêm sendo estudados pelos historiadores ao longo do tempo.

(5.1)
NOVAS PERSPECTIVAS TEÓRICAS SOBRE O ESTUDO DO PASSADO CLÁSSICO

A compreensão de que a maneira como a história é escrita não é neutra nem universal ganhou espaço entre os acadêmicos nos últimos anos.

Conforme apontado por Funari (2002, p. 12), "Os historiadores da antiguidade também viveram em suas épocas, com suas paixões e preconceitos". Segundo essa perspectiva, a escolha dos temas de pesquisa e dos dados a serem analisados é influenciada pelo momento em que o historiador vive, bem como por suas origens, seus valores e interesses pessoais. Não se trata de negar o passado, mas de perceber que a elaboração da pesquisa histórica não é neutra – sem que isso desqualifique as interpretações elaboradas.

Seguindo esse ponto de vista, uma das maneiras mais honestas ao se produzir uma pesquisa é indicar quais os interesses que o levaram à escolha do tema e do arcabouço teórico que fundamenta o trabalho, sendo que, dessa forma, fica claro ao receptor do texto os motivos que levaram à formulação da pesquisa. Não se trata aqui de negar a existência do fato histórico. Nesse sentido, acreditamos que a aproximação com o fato, com a narrativa mais tradicional acerca do acontecimento, é essencial. É por meio dessa aproximação inicial que o indivíduo será capaz de estabelecer as bases para a elaboração de uma perspectiva mais crítica sobre o passado. No entanto, é necessário também estabelecer uma percepção crítica das pesquisas que compõem nosso conhecimento sobre o passado.

Considerando essa perspectiva, os estudos clássicos têm papel essencial no estabelecimento dessa crítica interna, pois, ao longo da história, observamos recorrentemente a formulação da ideia do mundo greco-romano como berço da civilização ocidental, elemento que torna o passado clássico mais propício e conveniente a fins políticos, quando há o interesse de legitimar determinados discursos.

(5.2)
Passado clássico e política contemporânea

Um dos primeiros estudiosos a chamar atenção para essa questão, Martin Bernal (2003) destaca como os estudos clássicos são descritos como supostamente afastados da política moderna, porém, desde o século XIX, são utilizados como elemento na legitimação histórica da cultura europeia ocidental. É importante ressaltar que o enfoque dos autores que visam estabelecer essa reflexão acerca do passado clássico (seja sobre os estudos desenvolvidos ao longo do século XIX, seja em outro período) não ocorre de forma gratuita. Esse interesse por um período específico se deve ao fato de – em meio ao desenvolvimento de uma política imperialista europeia – o passado greco-romano ser resgatado com obras que apresentam um viés positivo dos processos expansionistas da Antiguidade, dados que são questionados com o advento dos estudos pós-colonialistas.

De maneira geral caracterizadas como estudos pós-coloniais, essas análises têm forte influência da obra de Edward Said (2007), em especial de seu estudo sobre o orientalismo. Nesse trabalho, Said desenvolve uma apreciação de como se deu a construção da percepção acerca do Oriente no mundo ocidental, por meio do estudo e da crítica das narrativas literárias elaboradas naquele momento, as quais tendiam a estabelecer estereótipos sobre o Oriente (relacionados às ideias de exotismo, passionalidade e nativismo). Esses estereótipos, segundo Said (2007), favoreceram a construção de uma opinião pública apoiadora das políticas coloniais sob a prerrogativa de que estariam levando o progresso para as regiões colonizadas.

> Seguindo essa perspectiva, alguns estudiosos contemporâneos do mundo clássico retornaram às obras históricas de períodos específicos, em geral aqueles ligados aos processos de colonização, para analisar de que forma o passados grego e romano eram narrados, em especial acerca de tópicos militares e de conquista.

Essa preocupação se deve ao fato de que a ideia do mundo clássico como berço da civilização europeia era (e ainda é) bastante popular. Considerando que, em seus primórdios, os estudos históricos se colocavam como produtores de uma verdade única sobre o passado, tais dados passaram a ser validados como argumentos legítimos para defender práticas políticas expansionistas.

Nesse sentido, por exemplo, Bernal (2003) destaca como dados relativos às influências orientais na cultura grega são menosprezados, em detrimento da construção de uma narrativa que evoca a ideia de progresso, transformando o passado grego em modelo a ser seguido. Assim, Bernal (2003) destaca, por exemplo, que a influência egípcia e fenícia no processo de colonização da região da Grécia deixa de ser apresentada nos modelos interpretativos acerca da Antiguidade grega para, em seu lugar, surgir a percepção dos gregos como criadores da ideia de civilização. Esse processo ocorre ao mesmo tempo em que as potências europeias (que se diziam descendentes da civilização grega) estabelecem colônias em território africano.

Dessa forma, naquele momento ganham maior espaço na historiografia estudos em que a ideia de progresso é enfatizada, apresentando o **processo expansionista** como um momento de transmissão da cultura e da civilização gregas (que, considerando a noção de evolução aplicada à cultura, seriam supostamente superiores). Ou seja, em detrimento dos estudos acerca de uma origem múltipla da civilização grega, o que ganha espaço durante o período colonialista europeu são estudos que acabam por legitimar esse processo de dominação.

Bernal (2003) destaca que essas análises passaram a ser questionadas a partir do final da Segunda Guerra Mundial, uma vez que o colapso sofrido – em especial pelos países europeus – impossibilitava a manutenção da ideia de progresso como um elemento que impulsionava a história humana. Afinal, como justificar as atrocidades ocorridas ao longo da Segunda Guerra Mundial como sendo o ápice de um processo evolutivo?

Outro autor que apresenta alguns questionamentos sobre como se dá a apropriação do passado clássico é Hingley (2010). Esse autor estabelece seu enfoque de estudo nos dados acerca das antigas Roma e Bretanha, do processo de colonização da Bretanha e da forma como este é retratado pela historiografia inglesa ao longo do tempo.

Em seu livro *O imperialismo romano: novas perspectivas a partir da Bretanha*, Hingley (2010) aponta que os estudos acerca do suposto legado romano – os quais inclusive reforçam a imagem da força romana – na Inglaterra são encontrados já no período elisabetano[1]. Já durante os séculos XIX e XX, o autor destaca que houve um grande interesse no estudo do processo de ascensão e queda do império romano, em comparação ao império britânico, alegorias que são reforçadas tanto nas escolas quanto no parlamento.

Dessa forma, gostaríamos de ressaltar o quanto fica evidente a percepção do uso da história na análise desenvolvida por Hingley (2010): durante o processo expansionista britânico, o parlamento, um dos eixos centrais da política inglesa, foi o palco para a apresentação dessa aproximação entre a Roma Antiga e os ideais expansionistas ingleses. Ao mesmo tempo, para além do passado político, a formação do *gentleman* inglês passou diretamente por uma série de referências à cultura romana. Dentre estas, se sobressai a noção de *gravitas*, da seriedade romana que era demandada dos indivíduos pertencentes à elite inglesa, assim como o estudo do latim e das disciplinas dos estudos clássicos, obrigatório para uma boa formação.

Partindo do pressuposto de que as interpretações sobre o passado são influenciadas pelo presente do historiador, Hingley (2010) aponta que esse maior interesse pelo passado romano coincide com o declínio do modelo que enfatizava a influência anglo-saxã e o aumento dos atritos com a Alemanha. Assim, se durante muito tempo os ingleses fundaram sua autopercepção como descendentes de um *ethos* anglo-saxão, as tensões com a Alemanha no período pré-guerras fizeram com que esse modelo fosse trocado pela identificação com os romanos.

Dessa forma, o autor questiona as origens da ideia de **romanização**. Segundo esse conceito, criado no início do século XX, a assimilação da província ao império romano ocorreu de acordo com as ideias de progresso e desenvolvimento, sendo que alguns historiadores

---

1   Período referente ao reinado da Rainha Elizabeth I (1558-1603).

afirmavam que os nativos dominados desejavam se tornar romanos. Outras leituras afirmavam que a elite nativa agregava os valores romanos e, por conseguinte, estes passaram a ser adotados pelo restante da população. Em seu estudo, Hingley (2010, p. 37) destaca que, ao mesmo tempo em que essas análises eram publicadas, estavam em voga as ideias de que "o propósito moral dos britânicos era levar o progresso e a liberdade aos nativos em suas colônias". Considerando os paralelos traçados entre romanos e britânicos, o autor afirma que os historiadores britânicos passaram a apresentar o imperialismo romano como algo benéfico.

Ao finalizar sua análise, o autor destaca que essas percepções ainda se fazem presentes em parte dos estudos. Nesse sentido Hingley (2010, p. 36) destaca que

> [o] estudo da Bretanha romana no passado tem sido, em parte, determinado pelo contexto da sociedade em que se desenvolveu tal estudo, o potencial das análises pós-coloniais se torna evidente. [...] Trabalhos cuja análise é pós-colonial podem permitir-nos, todavia, ver e considerar as perspectivas que motivaram os estudos passados e, também, sugerir esquemas amplos para novas formas de compreensão.

Assim, o foco desses novos estudos pós-coloniais estaria voltado para análises que diversificam o passado e buscam apresentá-lo de maneira mais equânime, sem que a visão seja apenas a citada pelo projeto imperialista. Um dos problemas nesse sentido seria o fato de as fontes sobre as ocupações da Bretanha terem sido justamente elaboradas pelos romanos ou por pessoas que, de alguma forma, se beneficiaram com a expansão romana. Para contrapor esse problema, Hingley (2010) destaca a relevância dos estudos arqueológicos que possam apresentar outras formas de questionamento da dominação romana por parte dos grupos nativos – por exemplo, a manutenção de objetos e tradições não romanos. Assim, o autor defende estudos que repensem a ideia de modelos deterministas para o estudo da Bretanha romana e a preferência por modelos mais complexos, que repensem a heterogeneidade do império, no lugar da mera perspectiva linear em busca de um presumido progresso. No entanto, essa percepção do passado romano imperialista como um exemplo a ser seguido (e o consequente uso político da história romana) não se restringe ao século XIX, pois foi prática recorrente ao longo do século XX por movimentos nacionalistas europeus e, até mesmo, por grupos brasileiros.

Assim, o foco desses novos estudos pós-coloniais estaria voltado para análises que diversificam o passado e buscam apresentá-lo de maneira mais equânime, sem que a visão seja apenas a citada pelo projeto imperialista.

Nesse sentido, Silva (2007) apresenta diversos momentos em que grupos políticos se apropriam de certas facetas do passado clássico a fim de justificar determinados comportamentos e atitudes políticas, em especial durante a Segunda Guerra Mundial.

Dessa maneira, Silva (2007) explana como a história e a arqueologia sobre a Antiguidade são amplamente usadas para estabelecer os mitos de formação dos países europeus, servindo como base para a formação identitária dos povos oriundos desses territórios:

> *O passado imperial de países como Inglaterra e França irá ter no Império romano sua maior fonte de legitimação.*
>
> *[...]*
>
> *A utilização da imagem do Império romano permite veicular, então, além da ideia de direito imperialista das nações emergentes, a ideia de pertencimento à nação, atuando no fabrico das identidades nacionais.* (Silva, 2007, p. 35)

Logo, ao se identificarem com o passado romano, assim como a Inglaterra o fez ao longo do século XIX, alguns Estados europeus buscaram legitimar suas atitudes imperialistas. Regimes totalitários como o fascismo e o nazismo estabeleceram abertamente vinculações com o passado clássico.

Dessa forma, Mussolini e o fascismo italiano colocaram-se como herdeiros do império romano não apenas por conta da óbvia associação geográfica, mas por se identificarem com as práticas imperialistas (Kelly, 2006). De forma semelhante, o nazismo buscou a representação no passado clássico, em especial no que se refere à arquitetura. As obras do terceiro Reich foram, sob a supervisão de Hitler, elaboradas para que, num futuro distante, fossem capazes de causar a mesma admiração que as ruínas gregas o fazem aos seus observadores (Silva, 2007).

Tanto os fascistas como os nazistas buscaram na arqueologia a legitimação para a construção de um passado nacional. No caso nazista, essa busca perpassou as mais diversas áreas – como geografia, linguística e etnologia – com o objetivo de encontrar origens étnicas comuns para a formação de uma pré-história germânica (Silva, 2007). Considerando essa relação entre os regimes autoritários do século XX e sua correspondência com o passado, esse autor apresenta uma análise sobre como as conexões entre romanos e gauleses estabelecidas na Antiguidade foram utilizadas com fins políticos para justificar a relação da França com a Alemanha durante a república de Vichy[2].

---

2 *Nome dado ao governo francês que, após a capitulação da França, em 1940, durante a Segunda Guerra Mundial, estabeleceu-se na cidade de Vichy, sendo caracterizado pelo autoritarismo e pela colaboração com os nazistas.*

A história francesa tem um grande arsenal de figuras míticas, tais como Carlos Magno, Joana d'arc e Vercingetórix, sendo que este último é conhecido como o chefe gaulês que se rebelou contra a dominação romana. A imagem e o mito desse gaulês foram apropriados por diversos movimentos ao longo da história francesa, em especial durante a Segunda Guerra, a fim de justificar o regime político colaboracionista ao nazismo. Silva (2007, p. 91) destaca, assim, que

> Sob o domínio da Alemanha, a França de Vichy fará veicular, por exemplo, uma reinterpretação da história da conquista da Gália pelos romanos.
>
> Essa nova abordagem, presa por essência a uma ideologia política de fundo revisionista do passado, própria dos regimes ditatoriais, procurará difundir a ideia de que os gauleses não foram "vencidos" pelos romanos, mas, sim, beneficiados pela inserção da Gália nos domínios do Império e que, da união destes dois povos, nasceram os franceses. Esta maneira de ver o passado traz em si uma direta ligação com o presente da França sob Vichy, uma vez que permite associar, convenientemente, o passado de gauleses e romanos ao momento histórico vivido por franceses e alemães.

Ao mesmo tempo em que o regime de Vichy se apropriava do passado gaulês para explicar a associação com o nazismo, essa relação com os romanos também abonava (no período anterior à guerra) a dominação francesa em territórios africanos como a Argélia. Portanto, ao longo da dominação da África, a ideia de que os romanos teriam passado as bases da civilização para os gauleses foi amplamente difundida, em especial em manuais escolares. Esse processo de dominação da Gália era apresentado como algo positivo, pois justificaria o domínio colonial, uma vez que, da mesma maneira que os romanos civilizaram os gauleses no passado, no presente os franceses, herdeiros dessa cultura, seriam responsáveis por levar o progresso aos longínquos territórios africanos (Silva, 2007).

Cabe ressaltar aqui, tanto nos casos citados por Hingley (2010) como por Silva (2007), que, embora sejam apresentadas diferentes versões sobre o passado clássico, essas visões se relacionam, uma vez que demonstram como o passado greco-romano, ainda que distante temporalmente, é estudado e organizado em narrativas que tendem a favorecer determinados regimes políticos. Tanto no caso da Bretanha Romana como no passado gaulês, os Estados modernos (de maneira direta no caso francês) se apropriaram do universo clássico de forma a minimizar o conflito decorrente da colonização e criar um estereótipo positivo para o processo de dominação, como se este naturalmente carregasse consigo um ideal de progresso. Desse modo, além de excluir o conflito do passado clássico, esses discursos retiram a legitimidade dos movimentos contrários ao imperialismo e à colonização contemporâneos à sua escrita.

Mas se esse passado clássico foi amplamente utilizado para justificar atitudes imperialistas por parte de Estados europeus, qual a relevância desse processo de apropriação da cultura clássica em nosso contexto? Trata-se de um tema relevante para os historiadores brasileiros?

Nesse sentido, cabe ressaltar os estudos que vêm sendo realizados por pesquisadores brasileiros com o intuito de analisar como, ao longo de nossa história, ocorreu esse processo de apropriação do mundo clássico no Brasil.

Uma vez que o mundo clássico foi categorizado como o momento fundador da civilização ocidental, o retorno a uma suposta origem greco-romana torna-se compreensível mesmo em regiões distantes (temporal e geograficamente) da Grécia e de Roma. Em uma pesquisa recente, Garraffoni e Funari (2012) mostraram como indivíduos relacionados ao movimento paranista utilizaram diversas referências ao mundo clássico.

Os autores destacam como na história brasileira também podemos observar a apropriação do passado romano, algo que remonta ao governo de D. Pedro I, que, ao defender o poder moderador que lhe coube constitucionalmente, o fez sob inspiração do conceito latino homônimo, apresentado por autores como Cícero. Da mesma forma, D. Pedro II continuaria esse processo ao buscar constituir uma ampla coleção de materiais referentes ao mundo clássico, em especial a Roma Antiga, os quais estão atualmente sob a guarda do museu nacional.

Já no período republicano, Garraffoni e Funari (2012) destacam como a proposta dos bandeirantes como elementos-chave para a construção do Brasil também foi ideologicamente influenciada pela ideia de um império romano que levou a civilização aos povos nativos. Por fim, os autores destacam que, mesmo que não tenhamos uma tradição de apropriação ideológica do passado romano, ao longo de nossa história, por diversos momentos, referências à Roma Antiga se fazem presentes em moedas, prédios com fachadas inspiradas nos modelos clássicos e na importância dada ao estudo do latim e do mundo clássico nas escolas até 1960 (Garraffoni; Funari, 2012).

Assim, considerando que a presença do mundo greco-romano extrapola (e muito) o espaço acadêmico e escolar, analisaremos em seguida como essas informações sobre o passado clássico podem chegar ao cidadão comum. Desse modo, para além dos manuais de história, consideramos que boa parte do imaginário acerca do mundo clássico compartilhado pelos indivíduos em geral é, em grande parte, resultante das informações recebidas pelos meios midiáticos, como séries e filmes – tema que iremos desenvolver de maneira mais detalhada no próximo tópico.

(5.3)
Mundo greco-romano e mídia

O fascínio sobre os antigos existente no mundo contemporâneo torna-se evidente ao observamos a grande quantidade de filmes realizados com essa temática desde os primórdios do cinema. Grandes produções foram realizadas sobre a Antiguidade, variando de maneira bastante diversificada no que se refere aos temas abordados.

Assim, podemos destacar a existência de filmes de caráter histórico, com narrativas acerca de grandes personagens. Alexandre, Spartacus e Cleópatra (e, por conseguinte, Marco Antônio e Otávio Augusto), por exemplo, são algumas das figuras importantes cujas histórias foram narradas no cinema. Outro grupo de filmes foi realizado com narrativas lendárias e apresentou personagens principais heróis como Hércules e Odisseu, além de histórias relacionadas aos deuses e à mitologia greco-romana.

No entanto, ainda que o filme não tenha a mesma legitimidade implícita de um livro, por exemplo, devemos considerar, conforme apontado por Wyke (1997), que as imagens e narrativas apresentadas em um filme extrapolam os recursos disponíveis no desenvolvimento de uma narrativa textual.

> Nesse sentido, a noção de realidade trazida pela produção audiovisual, em conjunto com elementos como jogos de câmeras, escolha de enquadramentos, trilha sonora, influenciam a percepção do público sobre o passado que lhe está sendo apresentado (Wyke,1997).

Wyke destaca que, tanto na Itália quanto nos Estados Unidos, se deu, ao longo do século XX, uma ampla produção de filmes sobre a Roma Antiga, bem como a formação de discursos que associariam essas nações com o passado clássico. Essa busca pode ser assim explicada: "Ao traçar suas origens remontando a esse passado, uma nação poderia validar sua reivindicação de poder, propriedade e prestígio internacional. E, se as origens remontassem à mais remota Antiguidade, uma nação poderia reivindicar o título de mais antiga e mais respeitável" (Wyke, 1997, p. 15, tradução nossa).

Assim, a absorção das informações que são passadas pelas imagens cinematográficas ocorre de maneira diferente daquela provida pelo estudo sobre o mundo clássico. É necessário considerarmos ainda que esses filmes são elaborados para o entretenimento da população, a qual não vai necessariamente (ainda que seja possível) assistir à película em busca de melhor compreensão do passado, mas que acabará por internalizar algumas das questões ali apresentadas como uma narrativa verídica. Dessa forma, cabe ressaltar que, apesar de tratar do mesmo tema, história e cinema têm abordagens distintas, tal como apontado por Feitosa e Vicente (2012, p. 179):

Ambos elaboram narrativas e apresentam interpretações sobre o ocorrido.

Entretanto, tais explanações, além de usar métodos e procedimentos diferentes, elaboram diálogos com outros componentes presentes nas culturas e contribuem, dessa maneira, para reforçar versões, interpretações, ou mesmo estereótipos codificados na memória social de uma determinada sociedade.

Logo, mesmo que o foco principal desses filmes não seja o ensino do passado clássico, mas a diversão do público, essas produções auxiliam no estabelecimento de arquétipos e modelos relacionados ao mundo antigo, os quais passam a fazer parte do imaginário comum e, não raro, são tomados como a realidade sobre o período.

Considerando a recepção dos filmes pela população, além do poder implícito aos filmes na construção do passado devemos considerar ainda os interesses relacionados à produção das películas. De maneira geral, podemos afirmar que os grandes estúdios, de televisão ou cinema, visam ao lucro ao realizar as filmagens. Nesse sentido, cabe perguntarmos qual é o passado que o público deseja ver e pelo qual irá se interessar. Ainda que existam filmes não necessariamente produzidos para se tornarem sucesso de bilheteria, qual o interesse em retomar o passado clássico?

Nesse sentido, para que se realize a análise de uma obra cinematográfica, não é suficiente observar aquilo que é apresentado nela, mas é necessário observar o contexto no qual a obra foi produzida, ou seja:

Isso significa compatibilizar a análise interna da obra com as condições de sua produção, ou seja, com os aspectos históricos, estéticos, tecnológicos, sociológicos, econômicos e políticos do ambiente de composição dos discursos cinematográficos. Duas frentes se abrem nessa ótica. Na primeira, incluem-se as manifestações do diretor que podem ser encontradas na narrativa, nas ideias sobre determinados personagens, nos fatos selecionados e nas práticas ou ideologias dos personagens. Já a segunda, mais complexa, envolve os modos de narrar as histórias, a maneira empregada para se marcar as passagens do tempo, os planos de câmara, ou seja, uma série de componentes que constroem uma parte denominada por Ferro de zonas ideológicas não visíveis, mas que também atuam sobre as pessoas expostas aos produtos visuais. (Feitosa; Vicente, 2012, p. 180)

Dessa maneira, mais do que uma mera análise do tema apresentado, cabe buscar compreender como e por que foi escolhido aquele tema e, em especial, de que maneira ele foi apresentado. Com base nessa perspectiva, alguns historiadores têm se dedicado ao estudo das representações do passado greco-romano no cinema, analisando quais os temas escolhidos para serem apresentados e, especialmente, de que forma eles o fazem, uma vez que os estereótipos criados pelas obras cinematográficas tendem a reforçar determinadas percepções que serão refletidas no comportamento social do indivíduo (Feitosa; Vicente, 2012).

Bom exemplo de como a produção midiática é influenciada pelo momento de sua elaboração é a forma como se dão as representações de gênero acerca do mundo antigo. Ressaltamos que estamos abordando aqui obras relacionadas à mídia em geral, e não apenas os filmes, uma vez que séries e documentários também apresentam as características citadas.

Considerando as prerrogativas acerca das representações do mundo clássico na contemporaneidade, os estudiosos Lourdes Feitosa e Maximiliano Vicente dedicaram-se à análise da construção de um ideal de masculinidade na série *Roma*, realizada pelo canal de TV a cabo HBO. Os pesquisadores destacam que, no material promocional da série, bem como nas entrevistas a respeito da produção, é dada grande ênfase no grau de realismo e fidelidade com o qual teriam sido elaboradas as filmagens, buscando representar os personagens reais e a recriação fidedigna dos objetos, vestimentas etc. (Feitosa, Vicente, 2012).

A série em questão aborda o período de transição da república para o império e apresenta-o como um momento de degeneração social e de costumes, bem como caracteriza a moral romana como mais dura e brutal que nossa perspectiva judaico-cristã. Ao mesmo tempo, conforme apontado por Feitosa e Vicente (2012), sob essa justificativa são amplamente vinculadas imagens de sexo e violência e se naturaliza a imagem dos soldados romanos como um grupo de homens violentos, beberrões, fortes e impulsivos, ou seja, a imagem de uma masculinidade violenta.

Para os pesquisadores, fica claro que a referência utilizada para a construção desse discurso sobre os soldados romanos é uma releitura da imagem que os grupos da elite romana tinham desses homens.

Lorena Pantaleão da Silva

Esses estudiosos, no entanto, destacam que algumas evidências, como as lápides funerárias dos soldados, questionariam o modelo de soldado apresentado na série. Assim, eles ressaltam a necessidade de se rever a perspectiva de fidelidade defendida pela série, uma vez que os aspectos reforçados nela, em especial a ideia de sexo e violência (apresentadas como típicas do mundo romano), seriam uma forma de cativar a audiência, pois são temáticas apreciadas pelo mundo contemporâneo.

No entanto, não se trata de uma questão apresentada apenas pelas séries, mas que também pode ser observada em outros formatos de obra cinematográfica. Assim, destacamos outro trabalho de Feitosa (2010), no qual a autora analisa não uma série, mas um documentário sobre a cidade de Pompeia. O documentário em questão é elaborado por meio de reconstituições que buscam apresentar como era a vida em Pompeia no momento em que a cidade foi atingida pela erupção do Vesúvio.

Nesse caso, Feitosa (2010) realiza o cruzamento das informações que foram descobertas em Pompeia acerca de Eumáquia, mulher pertencente à aristocracia pompeiana. Ao longo das escavações foram encontradas diversas referências arqueológicas sobre essa *matrona* da cidade, revelando que ela era patrona de uma corporação de ofício de trabalhadores têxteis, sacerdotisa pública, bem como financiadora de obras públicas da cidade, ou seja, que ela partticipava ativamente na vida político-pública de Pompeia (Feitosa, 2010).

A autora destaca que o material publicitário do documentário *Pompeia: o último dia*, produzido em 2003 pela BBC, informa que o filme retrata, de maneira fidedigna, como se deu o soterramento da cidade de Pompeia – reprodução possível em virtude dos inúmeros recursos gráficos. Destaca-se assim que da mesma forma como ocorreu no seriado *Roma*, os produtores do documentário sobre Pompeia se mostraram bastante preocupados com a fidelidade das características físicas e dos cenários e figurinos apresentados. Para construir as histórias sobre o passado pompeiano, os produtores do documentário fizeram uso das informações que existem sobre alguns personagens que habitaram a cidade.

No documentário, Eumáquia é casada com Estefáno, o qual seria rico, possuidor de bens e escravos. Feitosa destaca que, ao longo do documentário, a personagem Eumáquia é apresentada como uma mulher dependente do marido, frágil e assustada com os eventos associados à erupção do vulcão.

Nesse sentido, Feitosa (2010) questiona a suposta "fidelidade" propagandeada pelo documentário, uma vez que todas as evidências sobre Eumáquia são ignoradas enquanto ela é apresentada como esposa submissa a um personagem sobre o qual não há evidências de que tenha existido. Assim, em vez de primar pelos vestígios encontrados na cidade, o documentário reproduz uma perspectiva da historiografia mais tradicional, em que a mulher romana era retratada como submissa e com papel passivo na sociedade – elementos que podem ser questionados pelas evidências materiais encontradas sobre Eumáquia. A respeito desse tema, Feitosa (2010, p. 217) destaca:

É nessa visão tradicional da história, a respeito da distribuição dos papéis sociais, que ainda se funda o imaginário ocidental; portanto, completamente desconectado das redefinições das atuações alicerçadas na documentação arqueológica. E é isso que mais nos chama atenção, uma vez que a proposta inicial do documentário é a de uma análise das fontes materiais pompeianas. Há uma reconstituição do espaço, de objetos e de alguns nomes que induzem pressupor uma conexão e recriação do passado, mas cujas relações sociais baseiam-se ainda em pressupostos já intensamente questionados.

Cabe aqui a comparação dos dois estudos. Embora o formato varie, ambos os projetos (a série e o documentário) se apresentam como expressões bastante fiéis do que seria a vida na Roma Antiga. Assemelham-se também no interesse por destacar os aspectos materiais da vida romana. No entanto, ao apresentarem suas narrativas, acabam por invocar representações de gênero que ignoram pesquisas mais recentes sobre o tema. As apresentações dos ideais de feminino e masculino nas obras analisadas por Feitosa e Vicente tendem a nos falar mais sobre a sociedade contemporânea do que da romana. Suas narrativas são marcadas pela intenção de ceder ao público aquilo que eles desejam e reconhecem como tipicamente romano, seja o soldado bruto e forte, seja a esposa aristocrática e sem expressividade.

> No que se refere aos filmes realizados sobre a temática do mundo antigo, a retomada do gênero remonta às décadas de 1950 e 1960, quando os filmes com narrativas épicas eram produzidos de maneira suntuosa (considerando que não existiam os mesmos recursos gráficos da atualidade) e atraíam uma grande massa de público ao cinema (Cyrino, 2009, p. 224).

Sob a mesma temática, mas realizado na virada do milênio, o filme *Gladiador*, dirigido por Ridley Scott, foi responsável pela retomada do gênero épico, o qual não tinha sido produzido por um longo período.

Conforme é apontado por Cyrino (2009) em seu estudo sobre o filme, Ridley Scott teve um papel essencial em adaptar o gênero épico para uma nova audiência, que não estava acostumada com o estilo cinematográfico. Esse filme foi elaborado com grande rigor técnico e amplo uso de ferramentas digitais para reconstruir o passado romano. Ao mesmo tempo, a obra conta com referências aos clássicos do gênero épico, inserindo-se assim em uma tradição cinematográfica.

Ainda assim, cabe a ressalva sobre o período em que a película foi elaborada. Essa obra, acerca de um membro do exército romano extremamente ligado à família que é injustamente transformado em gladiador, tende a nos falar muito sobre a sociedade americana dos anos 2000, pois, conforme apontado por Cyrino (2009), ao longo do filme os narradores afirmam que se trata de uma história travada no ápice do poder romano, tal como os Estados Unidos durante o lançamento do filme encontravam-se em um momento de crescimento econômico e hegemonia política após o final da Guerra Fria.

Ao contrário dos demais épicos, *Gladiador* apresenta o império romano como vítima de si mesmo, ou seja, após dominar o mundo e pacificar suas conquistas, o governo era incapaz de manter os ideais republicanos, bastante valorizados pelo protagonista. Para Cyrino (2009), o que é colocado em xeque no filme é a própria ideia de Roma, sendo que o imperador Commodus apresentaria uma percepção de império conquistador, enquanto o soldado Maximus defenderia os ideais republicanos, ou seja, a busca por um passado idealizado, em conjunto com os valores familiares e de defesa da vida simples no campo, uma temática relevante para o público americano do período (Cyrino, 2009).

Outro ponto relevante na narrativa seria o que Cyrino chama de *herói alienado*. Inicialmente membro do exército e defensor de Roma e de seus ideais, Maximus é traído e transformado em um pária, e seu treinamento militar utilizado para defender a cidade passa a ser fonte de diversão para a população por meio das lutas nas arenas. Assim, ao apresentar o desejo da massa romana de ser entretida a todo custo, todo o tempo, o filme se torna um elemento para a reflexão da audiência norte-americana acerca de sua predileção por esportes e entretenimento em demasia.

Para a pesquisadora, a própria caracterização do personagem Maximus como alguém extremamente dedicado à família, que prefere sua casa no campo à devassidão encontrada em Roma e que tem uma espiritualidade bastante particular (ao invocar os cultos familiares por diversas vezes ao longo do filme em vez dos deuses do panteão), pode ser compreendida como algo elaborado para tangenciar as preocupações e interesses do americano médio no período do lançamento do filme. Assim, a preocupação com as cidades perigosas e hostis, a importância da família e a rejeição dos grandes cultos em detrimento de uma espiritualidade pessoal seriam elementos do século XXI que a audiência associaria com o personagem de Maximus. Finalmente, a própria percepção da fragilidade de Roma seria um alerta ao espectador sobre o seu posicionamento frente ao governo e ao cenário norte-americano.

Síntese

Ao longo deste capítulo, buscamos apresentar alguns elementos que destacam a relevância dos estudos sobre a Antiguidade Clássica ainda nos dias de hoje. Mesmo tão distantes temporal e geograficamente de nós, brasileiros, podemos observar como os gregos e romanos ainda influenciam nossa realidade, seja ao legitimar um discurso político, seja ao naturalizar determinadas percepções de mundo (sobre o papel das mulheres na sociedade, por exemplo). Cabe ainda ressaltar a importância da mídia e do cinema na formação do senso comum sobre o passado clássico e a importância dos estudos críticos a respeito dessa temática.

Indicações culturais

Filmes

SPARTACUS. Direção: Stanley Kubrick. EUA: Universal Pictures, 1960. 197 min.

Filmado em plena Guerra Fria, o filme narra a revolta de escravos ocorrida na Roma Antiga. É um dos grandes sucessos entre os filmes épicos que dominaram os cinemas ao longo das décadas de 1950 e 1960.

CLEOPATRA. Direção: Joseph Mankiewicz e Rouben Momoulian. EUA: 20th Century Fox, 1963. 251 min.

Filme que quase levou à falência o estúdio que o produziu, o longa-metragem estrelado por Elizabeth Taylor narra a relação do Egito com o Império Romano e o processo de transformação da república em império por meio da vida de Cleópatra e de seus casos amorosos com os generais romanos.

GLADIADOR. Direção: Ridley Scott. EUA: Universal Studios, DreamWorks SKG, Scott Free Productions, 2000. 171 min.

O primeiro da nova leva de filmes épicos que invadiu os cinemas a partir dos anos 2000, essa obra narra a história fictícia de um general romano transformado em profissional das arenas.

HÉRCULES. Direção: Ron Clements, John Musker. EUA: Walt Disney Studios, 1997. 92 min.

Narrativa voltada para o público infantil, adapta de maneira leve e bem-humorada o mito de Hércules e a sua ascensão no mundo grego.

ALEXANDRE. Direção: Oliver Stone. EUA: Warner Bros., 2004. 175 min.

Obra que apresenta a narrativa acerca de Alexandre, o Grande durante o processo de conquista que este empenhou.

Lorena Pantaleão da Silva

SATYRICON. Direção: Frederico Fellini. Itália: PEA, 1969. 129 min. Adaptação do livro homônimo de Petrônio, cuja narrativa é fragmentada, assim como a obra que o inspirou.

A VIDA DE BRIAN. Direção: Terry Jones. Reino Unido: CIC, 1979. 94 min.

Comédia elaborada pelo grupo de humor britânico Monty Python, constitui uma sátira do mundo romano na época de Cristo, fugindo, assim, do estereótipo de filme épico tradicional. A obra quebra com a percepção de seriedade e rigidez normalmente associadas ao mundo romano.

Livros

HINGLEY, R. Diversidade e unidade culturais: império e Roma. In: _____. **O imperialismo romano**: novas perspectivas a partir da Bretanha. São Paulo: Annablume, 2010. p. 67-104. (Coleção História e Arqueologia em Movimento).

Coletânea de palestras realizadas no Brasil, a obra apresenta, de maneira sucinta, como o pós-colonialismo afeta o estudo da história romana.

SILVA, G. J. do. **História antiga e usos do passado**: um estudo de apropriações da Antiguidade sob o regime de Vichy (1940-1944). São Paulo: Annablume; Fapesp, 2007. (Coleção História e Arqueologia em Movimento).

Com base na premissa dos estudos pós-coloniais, o livro de Silva apresenta uma análise extremamente interessante sobre a apropriação do passado clássico e das relações entre gauleses e romanos ao longo da história francesa.

BERNAL, M. A imagem da Grécia Antiga como uma ferramenta para o colonialismo e para a hegemonia europeia. In: FUNARI, P. P. A. (Org.). **Repensando o mundo antigo**. Campinas: Unicamp, 2003. p. 9-26. (Coleção Textos Didáticos, n. 49).

Texto de um dos grandes exponenciais do pensamento pós-colonialista aplicado para os estudos da Antiguidade Clássica. Conhecido por sua obra *Black Athena*, na qual apresenta a influência africana na Grécia Antiga, Bernal apresenta, nesse artigo, um breve retrospecto das representações da historiografia clássica acerca da Grécia Antiga.

Atividades de autoavaliação

1. Sobre os filmes que retratam o passado greco-romano, assinale a alternativa correta:
   a) Documentários sobre o passado clássico são sempre retratos fiéis da forma como viviam as pessoas naquele período.
   b) Devemos atentar, ao ver um filme com uma temática sobre o passado greco-romano, à influência do momento em que ele foi elaborado.
   c) Historiadores não têm como objeto de estudo a cinematografia sobre o passado.
   d) Todas as alternativas anteriores estão corretas.

2. Segundo os apontamentos realizados pelo historiador inglês Richard Hingley, a romanização:
   a) foi um processo pacífico pelo qual os povos nativos foram dominados pelos romanos sem que existisse confronto, dado não questionado pelos historiadores contemporâneos.
   b) é uma teoria bastante recente, a qual se dedica a estudar apenas os territórios dominados pelos gauleses.

Lorena Pantaleão da Silva

c) é um modelo interpretativo que se dedica a estudar as relações entre os nativos e os romanos e que foi desenvolvido em meio a um contexto colonialista.

d) é o nome dado ao estudo dos filmes que abordam a história de Roma.

3. O estudo sobre a cultura greco-romana:
   a) é isento de influências contemporâneas, sendo elaborado por meio de fontes que atestam uma verdade única sobre o passado.
   b) tende a ser motivado apenas pelo desejo de desbravar novos temas.
   c) nunca se mostra contraditório, trata-se de um conhecimento que é construído de maneira linear, no qual conjuntos de saberes se sobrepõem.
   d) é influenciado pelo contexto no qual o historiador está inserido, algo que deve ser levado em consideração ao lermos as obras historiográficas.

4. No que se refere aos gauleses, assinale a alternativa correta:
   a) É um tema pouco estudado, em especial na França.
   b) Sempre apresentaram relações amistosas com os romanos, dado que influencia as relações externas entre França e Itália até os dias atuais.
   c) Tiveram sua história apropriada em diferentes momentos por grupos políticos diversos, a fim de legitimar práticas colonialistas, por exemplo.
   d) Foi provado recentemente que a história de Vercingetórix não era real, mas teria sido criada pelo regime de Vichy para justificar sua relação com a Alemanha nazista.

5. Sobre a perspectiva pós-colonial, assinale V nas afirmações corretas e F nas falsas. Em seguida, assinale a alternativa que apresenta a sequência correta:

( ) Os estudos pós-coloniais foram elaborados com base no rechaçamento das obras de Edward Said.

( ) Martin Bernal afirma que o passado grego pouco interessou aos regimes políticos modernos e contemporâneos, os quais sempre demonstraram maior preocupação com Roma.

( ) Pesquisas com temática pós-colonialista tendem a problematizar os estudos acerca do passado clássico, associando-os com o momento em que foram elaborados.

( ) A ideia de um passado colonial levou ao questionamento de modelos teóricos aplicados no estudo do mundo greco-romano, em especial acerca do processo imperialista na Antiguidade.

a) F, F, V, V.
b) V, F, F, V.
c) F, F, F, V.
d) V, F, F, F.

Atividades de aprendizagem

Questões para reflexão

1. Enumere as semelhanças observadas entre as pesquisas de Richard Hingley e de Glaydson Silva apresentadas ao longo deste capítulo.

2. No que se refere às representações sobre o passado clássico no cinema, apresente alguns dos elementos externos que podem influenciar os autores e diretores na produção de um filme.

Atividade aplicada: prática

Assista a um dos filmes sugeridos nas indicações culturais deste capítulo. Posteriormente, elabore uma breve pesquisa sobre o momento e o local em que o filme foi feito e tente relacionar esses dados ao enredo apresentado pelo filme.

Considerações finais

A Antiguidade Clássica compreende um período bastante longo da história da humanidade, durante o qual duas grandes civilizações se desenvolveram. Estudar os gregos e os romanos leva-nos a perceber que algumas questões que permeiam nosso cotidiano político e social, como a distribuição de terras ou a escolha do melhor modelo político, já eram discutidas naquelas sociedades.

Ao mesmo tempo, ao descobrirmos mais sobre esses povos, conseguimos nos identificar com pessoas que viveram há mais de dois milênios e reconhecer neles sentimentos, desejos e emoções que nos inspiram até hoje. Ao admirar o esforço dos artistas gregos para se aproximarem da realidade em suas obras ou ao nos identificarmos com os romanos, que explicitavam suas paixões e seus desejos por meio de obras literárias ou grafites nas paredes pompeianas, percebemos que, mesmo distantes temporalmente, eles também tinham interesses e desejos privados pelos quais torciam e se sacrificavam.

Essa influência do mundo clássico permeia nosso cotidiano. Seja por meio de um olhar mais apurado para reconhecer detalhes arquitetônicos e referências literárias do mundo antigo, seja pelo estudo da política e da sociedade antigas, observamos elos que nos permitem associar o mundo antigo ao contemporâneo. Para além desses dados, é necessário reconhecer como, em diferentes períodos da história, foram elaboradas leituras distintas acerca do passado greco-romano. Cabe aqui reforçar que o interesse pelo mundo antigo é observado no sucesso de produções que tratam do tema, bem como em jogos (eletrônicos ou não) que abordam o mundo antigo, e em como temáticas envolvendo aspectos relativos à mitologia e às batalhas greco-romanas acabam por atrair a atenção de jovens e adultos.

Da mesma forma, ao reconhecermos que a civilização ocidental, ao longo dos séculos, buscou se identificar com esse mundo clássico no intuito de defender interesses particulares de nações e Estados, torna-se ainda mais necessário que reconheçamos a presença desse passado clássico em nosso cotidiano, nos tornando capazes de analisar essas inferências de maneira crítica.

O mundo antigo, ainda que distante temporalmente, faz parte do nosso cotidiano, e essa presença nos influencia nas mais diversas esferas. Reconhecer o mundo greco-romano como mais do que um momento temporalmente distante, mas como parte de nossas vidas, quer tenhamos consciência ou não, se faz necessário. Ao longo da história, esse período foi amplamente estudado e, mesmo assim, encontramos novas temáticas e áreas de estudo com frequência. Problematizar e compreender o mundo antigo ultrapassa a barreira de decorar dados e fatos pertencentes a outro milênio: é um exercício intelectual de compreensão da História e de nós mesmos. Cabe a nós, historiadores, o estudo e a reflexão sobre esse momento que, mesmo longínquo, mantém-se presente em nosso cotidiano.

Referências

ALBUQUERQUE, M. M. de; REIS, A. C. F.; CARVALHO, C. D. de. **Atlas histórico escolar**. 7.ed. rev e atual. Rio de Janeiro: MEC/Fename, 1977.

ALSTON, R. **Aspects of Roman History**: AD 14-117. New York: Routledge, 1998.

ANDREWES, A. O desenvolvimento da cidade-Estado. In: LLOYD-JONES, H. (Coord.). **O mundo grego**. 2 ed. Rio de Janeiro: J. Zahar, 1977. p. 26-64.

BADIAN, E. O mundo helenístico. In: LLOYD-JONES, H. (Coord.). **O mundo grego**. 2 ed. Rio de Janeiro: J. Zahar, 1977.

BERNAL, M. A imagem da Grécia Antiga como uma ferramenta para o colonialismo e para a hegemonia europeia. In: FUNARI, P. P. A. (Org.). **Repensando o mundo antigo**. Campinas: Unicamp, 2003. p. 9-26. (Coleção Textos Didáticos, n. 49).

BURNHAM, D. et al. **O livro da filosofia**. São Paulo: Globo, 2011.

CANTARELLA, E. **Pandora's Daughters**: the Role and Status of Women in Greek and Roman Antiquity. Baltimore: Johns Hopkins University Press, 1987.

CARCOPINO, J. **A vida quotidiana em Roma no apogeu do império**. São Paulo: Companhia das Letras, 1990.

CAVICCHIOLI, M. A posição da mulher na Roma Antiga: do discurso acadêmico ao ato sexual. In: FUNARI, P. et al. **Amor, desejo e poder na Antiguidade**. Campinas: Unicamp, 2003. p. 287-295.

_____. Sexualidade, política e identidade: as escavações de Pompeia e a Coleção Erótica. In: FUNARI, P. P. A.; SILVA, G. J.; MARTINS, A. L. **História antiga**: contribuições brasileiras. São Paulo: Fapesp; Annablume, 2008. p. 47-64.

COOK, R. M. **Os gregos até Alexandre**. Lisboa: Verbo, 1971.

CYRINO, M. S. **Big Screen Rome**. New York: John Wiley & Sons, 2009.

D'AMBRA, E. **Roman Women**. Cambridge: Cambridge University Press, 2007.

DUBY, G. **História das mulheres no Ocidente**. Porto: Afrontamento, 1990. p. 591-596.

ELIADE, M.; COULIANO, I. P. **Dicionário das religiões**. São Paulo: M. Fontes, 1993.

FAVERSANI, F. **A pobreza no Satyricon de Petrônio**. Ouro Preto: Ed. da Ufop, 1999.

FEITOSA, L. C. **Amor e sexualidade**: o masculino e o feminino em grafites de Pompeia. São Paulo: Fapesp; Annablume, 2005.

_____. Cinema e arqueologia: leituras de gênero sobre a Pompeia romana. **Gênero**, Niterói, v. 10, n. 2, p. 257-271, 2010. Disponível em: <http://www.revistagenero.uff.br/index.php/revistagenero/article/view/26/14>. Acesso em: 8 fev. 2017.

FEITOSA, L. M. G. C.; FAVERSANI, F. Sobre o feminino e a cidadania em Pompeia. **Pyrenae**, Barcelona, n. 33, p. 253-259, 2002. Disponível em: <http://www.raco.cat/index.php/Pyrenae/article/view/145092/243110>. Acesso em: 6 fev. 2017.

FEITOSA, L. M. G. C.; VICENTE, M. M. Masculinidade do soldado romano: uma representação midiática. In: CARVALHO, M. M. et al. (Org.). **História militar do mundo antigo**. São Paulo: Fapesp; Annablume, 2012. p. 177-191.

FINLEY, M. I. **A política no mundo antigo**. Rio de Janeiro: J. Zahar, 1985.

_____. **Aspectos da Antiguidade**: descobertas e controvérsias. Lisboa: Edições 70, 1990.

_____. **Os gregos antigos**. Lisboa: Edições 70, 1963.

FLORENZANO, M. B. B. **O mundo antigo, economia e sociedade**: (Grécia e Roma). São Paulo. Brasiliense, 1982.

FULLERTON, M. D. **Arte grega**. São Paulo: Odysseus, 2002.

FUNARI, P. P. A. A cidadania entre os romanos. In: PINSKY, J.; PINSKY, C. B. **História da cidadania**. São Paulo: Contexto, 2005. p. 49-79.

_____. A Guerra do Peloponeso. In: MAGNOLI, D. **História das guerras**. São Paulo: Contexto, 2006. p. 19-45.

_____. **A vida cotidiana na Roma antiga**. São Paulo: Fapesp; Annablume, 2003.

_____. **As religiões que o mundo esqueceu**: como egípcios, gregos, celtas, astecas e outros povos cultuavam seus deuses. São Paulo: Contexto, 2009a.

_____. **Grécia e Roma**. São Paulo: Contexto, 2002. (Repensando a História).

_____. Romanas por elas mesmas. **Cadernos Pagu**, Campinas, n. 5, p. 179-200, 2009b. Disponível em: <http://periodicos.sbu.unicamp.br/ojs/index.php/cadpagu/article/view/1855/1976>. Acesso em: 7 fev. 2017.

FUNARI, P. P. A.; FEITOSA, L. C.; SILVA, G. J. da. **Amor, desejo e poder na Antiguidade**: relações de gênero e representações do feminino. Campinas: Ed. da Unicamp, 2003.

GARRAFFONI, R. S. **Bandidos e salteadores na Roma Antiga**. São Paulo: Fapesp; Annablume, 2002.

____. **Gladiadores na Roma Antiga**: dos combates às paixões cotidianas. São Paulo: Fapesp; Annablume, 2005.

____. Guerras Púnicas. In: MAGNOLI, D. **História das guerras**. São Paulo: Contexto, 2006. p. 47-75.

____. Romanos. In: FUNARI, P. P. A. **As religiões que o mundo esqueceu**: como egípcios, gregos, celtas, astecas e outros povos cultuavam seus deuses. São Paulo: Contexto, 2009. p. 53-65.

GARRAFFONI, R.; FUNARI, P. P. A. The Uses of Roman Heritage in Brazil. **Heritage and Society**, v. 5, n. 1, p. 53-76, 2012.

GHIRALDELLI, P. **Historia essencial da filosofia**. São Paulo: Universo dos Livros, 2009. v. 1.

GOMBRICH, E. H. **A história da arte**. Rio de Janeiro: LTC, 2000.

GUARINELLO, N. L. Cidades-Estado na Antiguidade clássica. In: PINSKY, J.; PINSKY, C. B. (Org.). **História da cidadania**. São Paulo: Contexto, 2003. p. 29-47.

____. **Imperialismo greco-romano**. São Paulo: Ática, 1987. (Série Princípios).

HINGLEY, R. Diversidade e unidade culturais: império e Roma. In: ____. **O imperialismo romano**: novas perspectivas a partir da Bretanha. São Paulo: Annablume, 2010. p. 67-104. (Coleção História e Arqueologia em Movimento).

____. **Globalizing Roman Culture**: Unity, Diversity and Empire. New York: Routledge, 2005.

JONES, A. H. M. Atenas e Esparta. In: LLOYD-JONES, H. (Coord.) **O mundo grego**. 2. ed. Rio de Janeiro: J. Zahar, 1977. p. 65-77.

JOLY, F. D. Suetônio e a tradição historiográfica senatorial: uma leitura da Vida de Nero. **História**, Franca, v. 24, n. 2, p. 111-127, 2005. Disponível em: <http://www.scielo.br/scielo.php?script=sci_arttext&pid=S0101-90742005000200005>. Acesso em: 7 abr. 2017.

KELLY, C. **The Roman Empire**: a Very Short Introduction. Oxford: Oxford University Press, 2006.

MARCONDES, D. **Textos básicos de ética**: de Platão a Foucault. Rio de Janeiro: J. Zahar, 2007.

____. **Iniciação à história da filosofia**: dos pré-socráticos a Wittgenstein. Rio de Janeiro: J. Zahar, 1997.

MOSSÉ, C. **O cidadão na Grécia antiga**. Lisboa: Edições 70, 1999.

PAGE, D. O mundo homérico. In: LLOYD-JONES, H. (Coord.). **O mundo grego**. 2 ed. Rio de Janeiro: J. Zahar, 1977. p. 13-25.

PLATÃO. A alegoria da caverna. Tradução de Lucy Magalhães. In: MARCONDES, D. **Textos básicos de filosofia**: dos pré-socráticos a Wittgenstein. 2 .ed. Rio de Janeiro. J. Zahar, 2000. p. 39-42.

POMEROY, S. **Goddesses, Whores, Wives and Slaves**: Women in Classical Antiquity. Baltimore: Johns Hopkins University Press, 1989.

POMEROY, S. et al. **A Brief History of Ancient Greece**: Politics, Society, and Culture. Oxford: Oxford University Press, 2004.

RIVES, J. Roman Religion Revived. **Phoenix**, v. 52, n. 3/4, p. 345-365, 1998. Resenha.

ROBERTSON, M. As artes visuais dos gregos. In.: LLOYD-JONES, H. (Coord.). **O mundo grego**. 2 ed. Rio de Janeiro: J. Zahar, 1977. p. 159-226.

ROUSSELLE, A. A política dos corpos: entre procriação e continência em Roma. In: PERROT, M.; DUBY, G. **História das mulheres no Ocidente**: a Antiguidade. Porto: Afrontamento, 1993. v. 1. p. 351-407.

_____. **Porneia**: sexualidade e amor no mundo antigo. São Paulo: Brasiliense, 1984.

SAID, E. W. **Orientalismo**: o Oriente como invenção do Ocidente. São Paulo: Companhia das Letras, 2007.

SAURON, G. **La Grande Fresque de La Villa des Mystères à Pompei**. Mémories d'une dévote de Dianysos. Paris: Picard, 1998.

SCHEID, J. **An Introduction to Roman Religion**. Indianapolis: Indiana University Press, 2003.

_____. Estrangeiras indispensáveis: os papéis religiosos das mulheres em Roma. In: PERROT, M.; DUBY, G. **História das mulheres no Ocidente**: a Antiguidade. Porto: Afrontamento, 1993. v. 1. p. 465-509.

SILVA, G. J. da **História antiga e usos do passado**: um estudo de apropriações da Antiguidade sob o regime de Vichy (1940-1944). São Paulo: Fapesp; Annablume, 2007. (Coleção História e Arqueologia em Movimento).

SILVA, L. P. da. **Rindo do sagrado**: as práticas religiosas femininas nas obras de Juvenal e Petrônio (séc. I-II d.C). 122f. Dissertação (Mestrado em História) – Universidade Federal do Paraná, Curitiba, 2011.

VERNANT, J. P. **As origens do pensamento grego**. São Paulo: Difel, 1984.

_____. **Mito e religião na Grécia antiga**. São Paulo: WMF; M. Fontes, 2006.

VEYNE, P. Dia de casamento em Pompeia. In: VEYNE, P. **Sexo e poder em Roma**. Rio de Janeiro: Civilização Brasileira, 2008. p. 207-214.

____. O império romano. In: VEYNE, P. (Org.). **História da vida privada**: do império romano ao ano mil. São Paulo: Companhia das Letras, 2009. v. 1. p. 17-212.

WARRIOR, V. M. **Roman Religion**. Cambridge: Cambridge University Press, 2006. v. 1.

WYKE, M. **Projecting the Past**: Ancient Rome, Cinema and History. New York: Routledge, 1997. (Series New Ancient World).

Bibliografia comentada

BEARD, M.; HENDERSON, J. **Antiguidade Clássica**: uma brevíssima introdução. Rio de Janeiro: J. Zahar, 1998.

Para além dos dados sobre a vida no mundo antigo, essa obra traz uma discussão acerca da presença do mundo clássico na sociedade contemporânea, bem como o desenvolvimento dos estudos clássicos como disciplina acadêmica.

BEARD, M. **Pompeia**: a vida de uma cidade romana. São Paulo: Record, 2016.

Essa obra esclarece e aprofunda diversos dados sobre o sítio arqueológico de Pompeia, a cidade romana atingida pela erupção do vulcão Vesúvio.

BEARD, M.; NORTH, J.; PRICE, S. **Religions of Rome**: a History. Cambridge: University Press, 1998. v. 1

Nessa obra, há uma compilação de grande parte da história e das alterações ocorridas na esfera religiosa romana.

BUTTERWORTH, A.; LAURENCE R. **Pompeia:** a cidade viva. Rio de Janeiro: Record, 2007.

Esse romance histórico mostra como, ao ser soterrada pelo vulcão Vesúvio, Pompeia se tornou uma das principais áreas de pesquisas arqueológicas sobre o mundo romano.

FUNARI, P. P. A. **Roma:** vida pública e vida privada. São Paulo: Atual, 1994.

Essa obra é voltada ao estudo das questões da vida cotidiana na Roma Antiga.

JOLY, F. D. **A escravidão na Roma antiga:** política, economia e cultura. São Paulo: Alameda, 2005.

Essa obra é dedicada ao estudo de especificidades relacionadas à escravidão na Roma Antiga.

MARCONDES, D. **Iniciação à história da filosofia:** dos pré-socráticos a Wittgenstein. Rio de Janeiro: J. Zahar, 1997.

Essa obra de introdução ao estudo da filosofia apresenta, de maneira didática, as ideias dos filósofos gregos.

POMEROY, S. **Goddesses, Whores, Wives, and Slaves:** Women in Classical Antiquity. Schocken Books, 2011.

Trata-se de uma obra clássica acerca da condição feminina no mundo antigo – um dos primeiros estudos sobre o tema.

Respostas

Capítulo 1

Atividades de autoavaliação
1. b
2. b
3. d
4. c
5. c

Capítulo 2

Atividades de autoavaliação
1. V, V, F, V
2. d
3. c
4. d
5. d

Capítulo 3

Atividades de autoavaliação

1. c
2. a
3. d
4. c
5. d

Capítulo 4

Atividades de autoavaliação

1. b
2. c
3. d
4. c
5. b

Capítulo 5

Atividades de autoavaliação

1. b
2. c
3. d
4. c
5. a

Sobre a autora

Lorena Pantaleão da Silva, nascida em Curitiba, é licenciada, bacharel, mestre e doutoranda em História pela Universidade Federal do Paraná (UFPR). Em seu mestrado, analisou a relação das mulheres romanas com a religiosidade durante o período imperial. Atua como professora de História nos ensinos fundamental e médio na rede pública de ensino do Paraná.

Impressão:
Abril/2017